भारतीय ज्योतिष विज्ञान

रवींद्र कुमार दुबे

प्रतिभा प्रतिष्ठान, नई दिल्ली

भूमिका

किसी भी विषय का सामान्य ज्ञान जनसाधारण को न होने की दशा में उस विषय के प्रति जनसामान्य में अनेक भ्रांतियाँ उत्पन्न हो जाती हैं। ज्योतिष एक विज्ञान है, परंतु विज्ञान के रूप में इसका अध्ययन/अध्यापन न होने के कारण इसे जादू–टोने के रूप में या अचानक आई विपत्ति के समय कष्ट–निवारक साधन के स्वरूप में याद किया जाता है। इससे इसका वैज्ञानिक रूप अज्ञानता के बादलों में खोया हुआ है। प्राचीन काल से भारत में ही नहीं बल्कि अन्य देशों में, जहाँ की प्राचीन सभ्यताओं का अध्ययन हुआ है, वहाँ प्राचीन काल में ज्योतिष विज्ञान के विद्वानों को सम्मान देने का तथ्य उजागर होता है। बेवीलोन व ग्रीक में प्राचीन काल में ज्योतिष शास्त्र के अनेक विद्वान् हुए हैं। ब्रिटिश म्यूजियम में उस समय की बनाई हुई कुछ लग्न तालिकाएँ सुरक्षित रखी हुई हैं। सिकंदर के समय में भी ज्योतिषियों को महत्त्व दिया जाता था। मिस्र में 5000 ईसा पूर्व भी ज्योतिष का ज्ञान विद्वानों को था। फराह शासकों के समय शासक के निर्णयों को प्रभावित करने में 'बैविलस' नामक ज्योतिष सक्षम था।

प्राचीन भारत में ज्योतिष विज्ञान एक प्रमुख विज्ञान था। 'रामायण' व 'महाभारत' के काल में सभी विद्वान् ऋषि ज्योतिष का पूर्ण ज्ञान रखते थे। उस समय की शिक्षा में शस्त्र विद्या के साथ ज्योतिष विज्ञान गुरुकुलों में अध्ययन का प्रमुख विषय था। अतः स्पष्ट है कि

से करते हैं, तथापि आधिकारिक रूप से ज्योतिष पर विश्वास न करने की बात वे कहते हैं। जो व्यक्ति समाज में सबके सामने ज्योतिष को 'ढकोसला' कहता दिखाई देता है, वही व्यक्ति अपना नया कारोबार करने से पूर्व ज्योतिषी से मुहूर्त की जानकारी प्राप्त करते हुए देखा जाता है। यह एक प्रकार का मानसिक दौर्बल्य है। इसी के साथ यह बात भी महत्त्वपूर्ण है कि समाज में जिस विषय का महत्त्व सभी लोगों के बीच व्यक्तिगत रूप से है उस विषय का विकास यदि अन्वेषण व नए प्रयोगों के द्वारा नहीं किया जाता है तो वह विषय अर्द्धज्ञानी व्यक्तियों के माध्यम से जनसामान्य के बीच केवल धन कमाने के माध्यम के रूप में बनकर रह जाता है। हम ज्योतिषी से परामर्श लेने के लिए तैयार हैं, परंतु सार्वजनिक रूप से ज्योतिष विज्ञान के महत्त्व को स्वीकार करने में हिचकते हैं। इस द्विविधापूर्ण स्थिति से समाज में अस्तित्व में अर्द्धज्ञानी व्यक्ति आनेवाले धन देकर पूछनेवाले व्यक्ति को यथासंभव प्रसन्न करने का ही प्रयास करेंगे। अतः यह आवश्यक है कि ज्योतिष विज्ञान की सामान्य जानकारी सभी उत्सुक व्यक्तियों को मिले, ताकि जनसामान्य इसे एक 'विज्ञान' के रूप में समझ सके।

सभी वैज्ञानिक विषयों के समान ज्योतिष विज्ञान की भी अपनी सीमा है। इस सीमा के अंतर्गत ही ज्योतिषी को ज्ञान होगा। अतः हर समस्या का निदान ज्योतिषी के पास अवश्य होगा, यह समझना भी गलत होगा।

प्रत्येक काल में मनुष्य के ज्ञान की सीमा रही है। अज्ञात क्षेत्र का ज्ञान प्राप्त करने के प्रयास सदैव जारी रहे हैं। भौतिक विज्ञान के विकास के एक कालखंड में पदार्थ का सबसे छोटा कण 'अणु' माना जाता था। बाद में वैज्ञानिकों ने अणु के अंदर परमाणुओं की खोज की। इससे यह स्पष्ट है कि किसी भी विज्ञान की जानकारी मनुष्य को एक सीमा तक होती है और उससे आगे की सीमा की जानकारी के लिए अध्ययन, प्रयोग व अन्वेषण की आवश्यकता होती है। अतः ज्योतिष विज्ञान की भी जानकारी जिस सीमा तक है, उससे आगे की

जानकारी के लिए इस विज्ञान के भी सतत अध्ययन, प्रयोग व अन्वेषण की आवश्यकता है। यह तभी संभव है जब इसका नियमित अध्ययन एक विषय के रूप में प्रारंभिक स्तर से लेकर विश्वविद्यालय स्तर तक हो। अमेरिका व यूरोप के कुछ विद्यालयों में ज्योतिष विषय को पाठ्यक्रम में सम्मिलित किया गया है; परंतु जब तक इस विषय के गहन अध्ययन की व्यवस्था नहीं होती है तब तक जनसामान्य को इस विषय की इतनी जानकारी प्राप्त कराना आवश्यक है कि वह इस विज्ञान के अर्द्धज्ञानी व्यक्तियों की 'पैसा खींचू मानसिकता' का शिकार न बने तथा इस विज्ञान का वास्तविक लाभ अपने परिवार व समाज की उन्नति हेतु स्वयं प्राप्त कर सके। प्रस्तुत पुस्तक ज्योतिष विज्ञान इसी उद्देश्य की पूर्ति हेतु एक लघु प्रयास है।

—रवींद्र कुमार दुबे

अनुक्रमणिका

अध्याय–1

ज्योतिष एक विज्ञान क्यों?

ज्योतिष का मूल आधार लग्न तालिका है, जो व्यक्ति के जन्म के समय पृथ्वी के सापेक्ष अन्य ग्रहों (अंतरिक्षीय पिंडों) की स्थिति को प्रदर्शित करता है। भौतिक विज्ञान के सभी सिद्धांत मूल अभिकल्पनाओं पर आधारित होते हैं। ये अभिकल्पनाएँ भौतिक पदार्थों के मूल गुणों पर आधारित होती हैं। ज्योतिष का भी मूल आधार यह है कि किसी भी व्यक्ति के जन्म के समय, अर्थात् माँ के शरीर से जैसे ही बच्चा पृथक् अस्तित्व में आता है, उस समय अन्य ग्रह, नक्षत्र आदि की जन्म–स्थान से जो सापेक्ष दूरी है वह उस बच्चे के शरीर के सभी अवयवों पर स्थायी प्रभाव डालती है तथा बच्चे का पूर्ण भविष्य इस प्रभाव के अधीन रहता है। मानसिक रोगियों पर पूर्णमासी का विशेष प्रभाव सभी जानते हैं। ऐसे रोगियों को ल्यूनेटिक (Lunatio) इसी कारण से कहा जाता है कि इनकी मनोदशा चंद्रमा की स्थिति से प्रभावित होती है। ऐसा क्यों होता है? पूर्णमासी व अमावस्या पर समुद्र में ज्वार–भाटा की स्थिति के कारण से हम सभी परिचित हैं कि चूँकि चंद्रमा पृथ्वी से सबसे समीप है, अतः उसकी स्थिति का गुरुत्वीय प्रभाव सबसे अधिक पड़ता है।

ब्रह्मांड का प्रत्येक पिंड गुरुत्वीय शक्ति से एक–दूसरे पर आकर्षण बल लगाता है। इस गुरुत्वाकर्षण बल के दो मूल सिद्धांत हैं—

1. दो पिंडों के बीच लगनेवाला गुरुत्वीय बल उन दोनों पिंडों के द्रव्यमान के गुणनफल का समानुपाती होता है।

गुरुत्वीय बल α पिंडों के द्रव्यमान का गुणनफल ।

अतः किसी भी आकाशीय पिंड का द्रव्यमान जितना अधिक होगा, उसके द्वारा लगाया जानेवाला गुरुत्वीय बल उतना ही अधिक होगा।

2. दो पिंडों के बीच लगनेवाला गुरुत्वीय बल दो पिंडों के बीच की दूरी के वर्ग का व्युतक्रमानुपाती होता है।

$$\text{गुरुत्वीय बल } \alpha \ \frac{1}{(\text{पिंडों के बीच की दूरी})^2}$$

अर्थात् जो पिंड अधिक समीप होंगे, उनके बीच गुरुत्वीय बल अधिक लगेगा।

यद्यपि चंद्रमा का द्रव्यमान अन्य आकाशीय पिंडों की तुलना में कम है, परंतु वह पृथ्वी के बहुत समीप है। अतः उसके द्वारा पृथ्वी पर गुरुत्वीय बल अन्य पिंडों की अपेक्षा अधिक प्रभावशाली होता है; परंतु यह बल इतना नहीं होता है कि पृथ्वी व चंद्रमा एक–दूसरे के समीप आ जाएँ, फिर भी समुद्र के जल की ऊपरी सतह आकर्षण बल के लिए स्वतंत्र है। अतः पूर्णमासी को समुद्र के जल की सतह गुरुत्वीय आकर्षण के कारण ऊपर आ जाती है।

उपर्युक्त उदाहरण के ही आधार पर हम जन्म के समय विभिन्न आकाशीय पिंडों की स्थिति का प्रभाव जन्म लेनेवाले व्यक्ति पर पड़ने की बात समझ सकते हैं। मानव शरीर के द्रव्यमान का लगभग 80 प्रतिशत भाग तरल रूप में है तथा रक्त कोशिकाओं में लौह व अन्य खनिज होते हैं। अतः जन्म के समय विभिन्न ग्रहों व आकाशीय पिंडों की स्थिति इस द्रव पर तत्कालीन स्थिति के अनुसार गुरुत्वीय बल उत्पन्न करती है तथा लौह कणों पर चुंबकीय बल का प्रभाव होता है। इस प्रकार जन्म के समय विभिन्न ग्रहों व अन्य आकाशीय

पिंडों की स्थिति मनुष्य के शरीर पर एक स्थायी प्रभाव उत्पन्न करती है। इस स्थायी प्रभाव को लग्न तालिका के रूप में ज्योतिषी गणना कर बनाता है। यद्यपि जीवन में विभिन्न कालखंड में ग्रहादि की स्थिति बदलती रहती है, जिसकी गणना पृथक् से ज्योतिष विज्ञान में की जाती है, परंतु जन्म के समय की स्थिति के अनुसार जो लग्न–तालिका सामने आती है वही उस व्यक्ति के संपूर्ण जीवन का मूल आधार होती है।

उपर्युक्त तथ्यों के आधार पर यह स्पष्ट हो जाता है कि ज्योतिष एक विज्ञान है तथा विज्ञान की किसी भी शाखा के समान किसी भी व्यक्ति को ज्योतिष विज्ञान की जितनी जानकारी अध्ययन, प्रयोग आदि के द्वारा होगी, उसी सीमा तक वह सफलतापूर्वक ज्योतिषीय गणना कर फलादेश बता सकेगा। हमारी कठिनाई यह है कि हम किसी भी ज्योतिषी से यह अपेक्षा करते हैं कि वह जादूगर के समान भूत, भविष्य व वर्तमान की सभी बातें बतलाएगा तथा प्रत्येक कष्ट के निवारण का साधन भी बतलाएगा। हम चिकित्सा विज्ञान से इसकी तुलना करें तो स्थिति पूर्ण स्पष्ट होगी।

किसी भी समय अन्वेषण आदि के द्वारा जिन रोगों के उपचार की दवाएँ खोजी गई हैं, उन रोगों का उपचार उस समय संभव हो सकता है। अब से पचास वर्ष पूर्व टायफाइड, टी.बी. आदि रोग लाइलाज थे। किंतु अब इनका उपचार संभव है। परंतु कैंसर व एड्स के मरीज की अंतिम दशा में मृत्यु को कोई डॉक्टर नहीं रोक सकता है। इसी प्रकार ज्योतिष विज्ञान की भी जानकारी ज्योतिषी को जिस सीमा तक है उस सीमा तक ही किसी व्यक्ति के कष्ट को वह बता सकता है, और उसका ज्योतिषी उपचार कर सकता है। यदि पूर्ण उपचार संभव नहीं है तो इसका तात्पर्य यह नहीं है कि ज्योतिष एक विज्ञान नहीं है। कारण यह है कि संबंधित ज्योतिषी की ज्ञान की सीमा है। जिस प्रकार गाँव व छोटे कस्बों में पूर्णतः शिक्षित चिकित्सक उपलब्ध न होने के कारण अर्धशिक्षित चिकित्सक

मरीजों को दवाएँ देने लगते हैं, उसी प्रकार समाज में पूर्णतः शिक्षित ज्योतिषी उपलब्ध न होने के कारण अर्द्धज्ञानी व्यक्ति ही ज्योतिषी का कार्य करने लगते हैं। इन व्यक्तियों के द्वारा धन कमाने की प्रवृत्ति के कारण ज्योतिष विज्ञान का वास्तविक स्वरूप सामने नहीं आता है; परंतु यदि गंभीरता से सोचें तो आप पाएँगे कि ज्योतिष एक विज्ञान है। आवश्यकता है इस विज्ञान के पठन–पाठन, प्रयोग–अन्वेषण आदि की उचित व्यवस्था की। ज्योतिष का पर्याप्त ज्ञान रखनेवाले व्यक्ति बहुत कम हैं, परंतु समाज में सभी लोग अपना भूत–भविष्य जानना चाहते हैं। ऐसी स्थिति में आवश्यकता आपूर्ति का वही उदाहरण लागू होगा, जो दूध की माँग अधिक होने पर दूधिया द्वारा दूध में पानी की मात्रा बढ़ाने की प्रवृत्ति को जन्म देता है।

यद्यपि मात्र एक पुस्तक पढ़कर कोई व्यक्ति ज्योतिषी नहीं बन सकता है, परंतु यह बात अवश्य है कि रुचि रखनेवाले सभी व्यक्तियों को ज्योतिष विज्ञान के मूल तत्त्वों का ज्ञान अवश्य प्राप्त हो जाए तथा हम ज्योतिष को एक विज्ञान के रूप में समझने का प्रयास करें। यदि ज्योतिष का इतना सामान्य ज्ञान आप प्राप्त कर लेते हैं तो आप साधारण बातों के लिए अर्द्धज्ञानी व्यक्तियों के पीछे नहीं जाएँगे। ज्ञान रखनेवाले ज्योतिषी के संपर्क का सौभाग्य यदि आपको वास्तव में प्राप्त हो जाए तो निस्संदेह आप अपने इस सामान्य ज्ञान की सहायता से उस ज्ञानी के ज्ञान को समझने में सक्षम होंगे। लेखक का मानना है कि जिस प्रकार सभी व्यक्तियों को भौतिक विज्ञान के मूलभूत सिद्धांतों की सामान्य जानकारी आवश्यक है उसी प्रकार ज्योतिष विज्ञान के भी मूल सिद्धांतों की जानकारी सभी जिज्ञासु व्यक्तियों को होना आवश्यक है। इसी वैज्ञानिक दृष्टिकोण से इस पुस्तक को आगे पढ़ने में आपको अवश्य आनंद आएगा।

□

अध्याय–2

ज्योतिष विज्ञान के मूल तत्त्व

किसी भी समय विशेष पर पृथ्वी अपने परिपथ में घूमते समय जिस स्थान पर है, उस स्थान से विभिन्न ग्रह, नक्षत्र व अन्य आकाशीय पिंडों की दूरी उस समय विशेष पर जन्म लेनेवाले व्यक्ति की लग्न तालिका निर्धारित करने का मुख्य आधार होगी। अपने सौरमंडल के नौ प्रमुख ग्रह (या अन्य आकाशीय पिंड), जो दूरस्थ सौरमंडलों के पिंडों की तुलना में बहुत कम दूरी पर हैं, पृथ्वी पर अपेक्षाकृत अधिक प्रभाव रखते हैं। अतः इन सभी नौ आकाशीय पिंडों के पृथक्–पृथक् प्रभाव को लग्न तालिका में रखा जाता है, जैसा बाद में दिए गए वर्णन से स्पष्ट होगा; परंतु ब्रह्मांड में अन्य सभी आकाशीय पिंडों के व्यक्तिगत प्रभाव को पृथक्–पृथक् आँकना संभव नहीं है, क्योंकि असंख्य आकाशीय पिंडों में समय विशेष पर प्रत्येक की पृथ्वी से दूरी गणना करना कदापि संभव नहीं है। अतः पृथ्वी के पूरे गोल परिपथ को बारह भागों में विभाजित कर उन भागों में पड़नेवाले अन्य आकाशीय पिंडों के प्रभाव के आधार पर पृथ्वी के मार्ग में बारह कि.मी. के पत्थर काल्पनिक रूप से माने गए हैं। (चित्र–1) यदि एक नगर से दूसरे नगर के बीच की दूरी अधिक है तो मार्ग में जो कि.मी. के पत्थर लगे होते हैं, उनके बीच की स्थिति के अनुसार हम यह बताते हैं कि कि.मी. 14 व 15 के बीच

मार्ग खराब दशा में है या किं.मी. 17 व 18 के बीच टूटी हुई पुलिया है। कोई भी वृत्ताकार मार्ग कुल 360^0 का होता है, अतः इसे 12 बराबर भागों में बाँटने पर प्रत्येक भाग 30^0 का होगा। पृथ्वी के परिपथ में जो बारह भाग माने गए हैं उन्हें ही ज्योतिष विज्ञान में बारह राशियों के रूप में जाना जाता है। प्रत्येक राशि पृथ्वी के घूमने के मार्ग में 30^0 के भाग में होती है। राशियों के नाम उनकी डिग्री (अंश) सहित इस प्रकार है—

क्र.	डिग्री (अंश)	राशि का नाम (हिंदी में)	राशि का नाम (अंग्रेजी में)
1.	0—30	मेष	ARIES
2.	31—60	वृष	TAURUS
3.	61—90	मिथुन	GEMINI
4.	91—120	कर्क	CANCER
5.	120—150	सिंह	LEO
6.	151—180	कन्या	VIRGO
7.	181—210	तुला	LIBRA
8.	211—240	वृश्चिक	SCORPIO
9.	241—270	धनु	SAGGATIRUS
10.	271—300	मकर	CAPPRICORN
11.	301—330	कुंभ	ACQUARIUS
12.	331—360	मीन	PISCES

राशियों के स्वामी ग्रह : यद्यपि खगोल विज्ञान के अनुसार सूर्य एक नक्षत्र है और पृथ्वी, मंगल, बुध, शनि, बृहस्पति, शुक्र आदि उसके ग्रह हैं तथा चंद्रमा पृथ्वी का उपग्रह है; परंतु ज्योतिष विज्ञान में हम क्योंकि पृथ्वी पर उसके समीप के आकाशीय पिंडों के प्रभाव का अध्ययन करते हैं; अतः पृथ्वी के समीप के सभी आकाशीय पिंडों, यथा—सूर्य, चंद्र, मंगल, बुध, बृहस्पति, शुक्र, शनि आदि के लिए सामान्य नाम ग्रह का प्रयोग किया जाता है। यह परंपरा चली आ

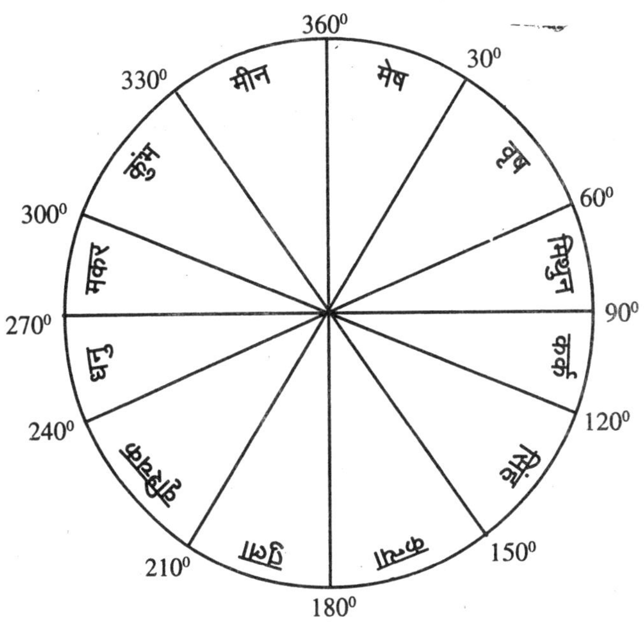

चित्र–1 : पृथ्वी के परिपथ में राशियों का विभाजन

रही है। अतः इस पुस्तक में भी इन आकाशीय पिंडों के लिए 'ग्रह' शब्द का ही प्रयोग किया जा रहा है। यदि आप चाहें तो इसके स्थान पर आप 'पृथ्वी के समीपस्थ आकाशीय पिंड' पढ़ें। इसके अतिरिक्त राहु व केतु के लिए भी 'ग्रह' शब्द का ही प्रयोग किया जाता रहा है। ग्रहों के व्यक्तिगत गुणों का वर्णन पृथक् अध्याय में किया जाएगा।

पूर्व में जिन बारह राशियों का उल्लेख किया गया है उनमें प्रत्येक राशि का स्वामी एक विशेष 'ग्रह' होता है, अर्थात् उस राशि में उसके स्वामी ग्रह का विशेष प्रभाव होता है। राशि व उसके स्वामी निम्नवत् हैं—

क्र.	राशि का नाम	स्वामी ग्रह का नाम
1.	मेष	मंगल (MARS)
2.	वृष	शुक्र (VENUS)
3.	मिथुन	बुध (MERCURY)
4.	कर्क	चंद्र (MOON)
5.	सिंह	सूर्य (SUN)
6.	कन्या	बुध (MERCURY)
7.	तुला	शुक्र (VENUS)
8.	वृश्चिक	मंगल (MARS)
9.	धनु	बृहस्पति (JUPITER)
10.	मकर	शनि (SATURN)
11.	कुंभ	शनि (SATURN)
12.	मीन	बृहस्पति (JUPITER)

लग्न तालिका में बारह भाव—उत्तर भारत में लग्न तालिका चित्र–2 में दिखाए गए रूप में बनाई जाती है। इसमें जो बारह खाने बने हैं, उनमें चित्र की भाँति केंद्र के प्रथम भाव से प्रारंभ करके घड़ी की सुई की उलटी दिशा में चलते हुए बारहवें भाव तक बनाए जाते हैं। उक्त बारह भाव में प्रत्येक भाव मनुष्य के जीवन के किसी विशेष क्षेत्र को तथा किसी विशेष अंग की स्थिति को बताता है। प्रत्येक भाव का विस्तृत अध्ययन अलग से आगे किया जाएगा। उदाहरणार्थ—प्रथम भाव मनुष्य के सामान्य शारीरिक गठन व सिर के संबंध में बताता है।

लग्न तालिका में बारह भाव

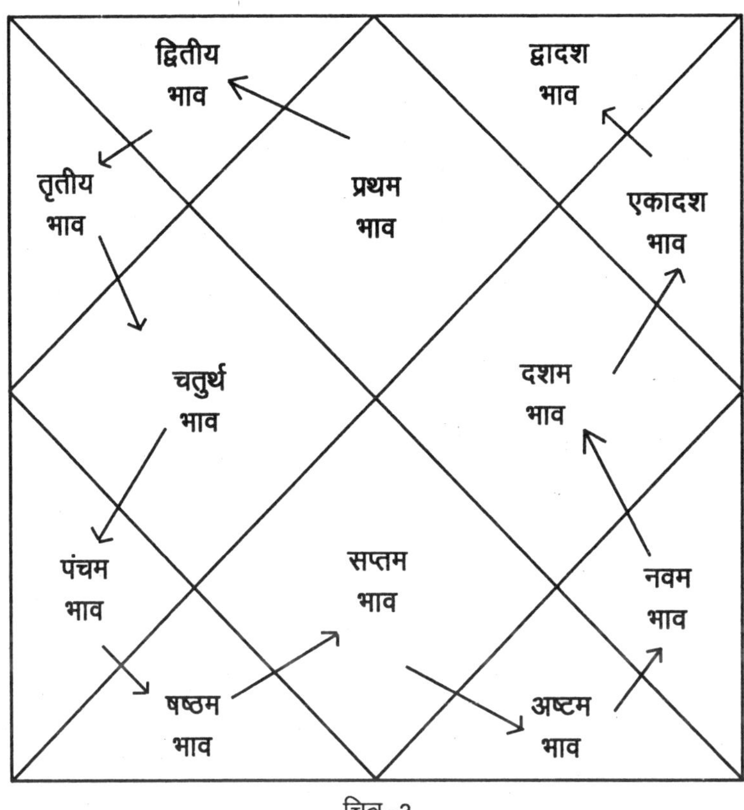

चित्र–2

लग्न तालिका में राशियों व ग्रहों को प्रदर्शित करना

किसी व्यक्ति के जन्म के समय पृथ्वी अपने परिपथ पर चलते हुए जिस राशि में है, वह राशि की क्रम संख्या के रूप में प्रथम भाव में लिखी जाती है तथा उसके आगे की राशियाँ घड़ी की सुइयों के उलटी दिशा में क्रमशः दूसरे, तीसरे........आदि भावों में लिखी जाती है।

उदाहरणार्थ—यदि किसी व्यक्ति का जन्म चित्र (3) के अनुसार उस समय हुआ है, जब पृथ्वी 30^0 व 60^0 के बीच, अर्थात् वृष राशि में थी तो लग्न तालिका के प्रथम भाव में वृष राशि की क्रम संख्या, अर्थात्

2 लिखा जाएगा तथा उसके बाद द्वितीय, तृतीय आदि भावों में 3, 4 ......आदि चित्र–4 के अनुसार लिखा जाएगा। बारहवें भाव में राशि क्रम संख्या–1 (मेष) लिखा जाएगा।

राशियों को अंकित करने के बाद अन्य ग्रहों की स्थिति जन्म के समय देखकर उसे संबंधित राशिवाले भाव में लिखा जाएगा। उदाहरणार्थ–चित्र–3 के अनुसार, जन्म के समय बृहस्पति वृष (2) राशि में चंद्र मिथुन (3) राशि में है। अतः चित्र –4 में प्रथम भाव में बृहस्पति व द्वितीय भाव में चंद्र लिखा गया है। इसी प्रकार चित्र–3 में जन्म के समय शनि व राहु सिंह (5) राशि में; शुक्र, मकर (10) राशि में; बुध, सूर्य व केतु कुंभ (11) राशि में तथा मंगल मीन, वृष (12) राशि में हैं। अतः चित्र–4 में इसी के अनुसार संबंधित राशिवाले भाव में इन ग्रहों के नाम लिखे गए हैं। जन्म के समय पृथ्वी किस राशि में किस डिग्री पर थी तथा अन्य ग्रहों की क्या स्थिति थी, इसको ज्ञात कर पूर्ण लग्न तालिका

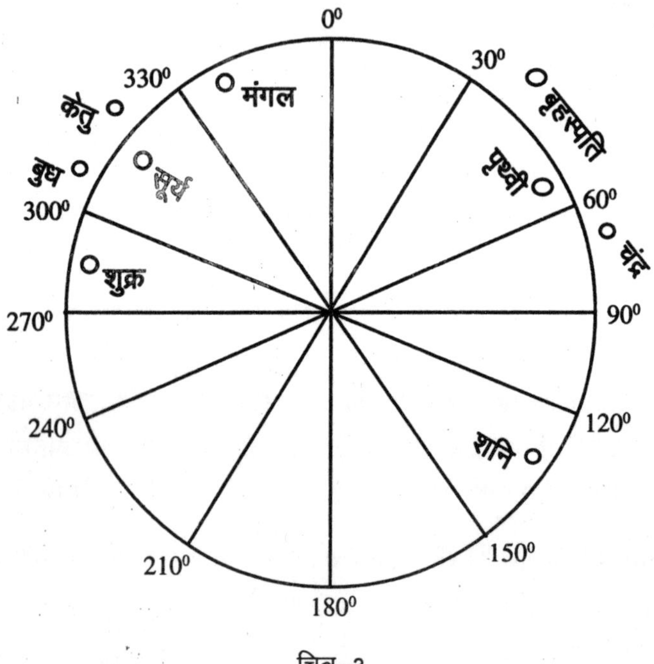

चित्र–3

बनाना आसानी से सीखा जा सकता है। लग्न तालिका (जन्म कुंडली) बनाना इस पुस्तक का विषय नहीं है; परंतु पाठकों की जानकारी के लिए यह बतलाना पर्याप्त होगा कि जन्म कुंडली निम्नलिखित साधनों से बनाई जा सकती है।

वृष राशि में लग्न–कुंडली

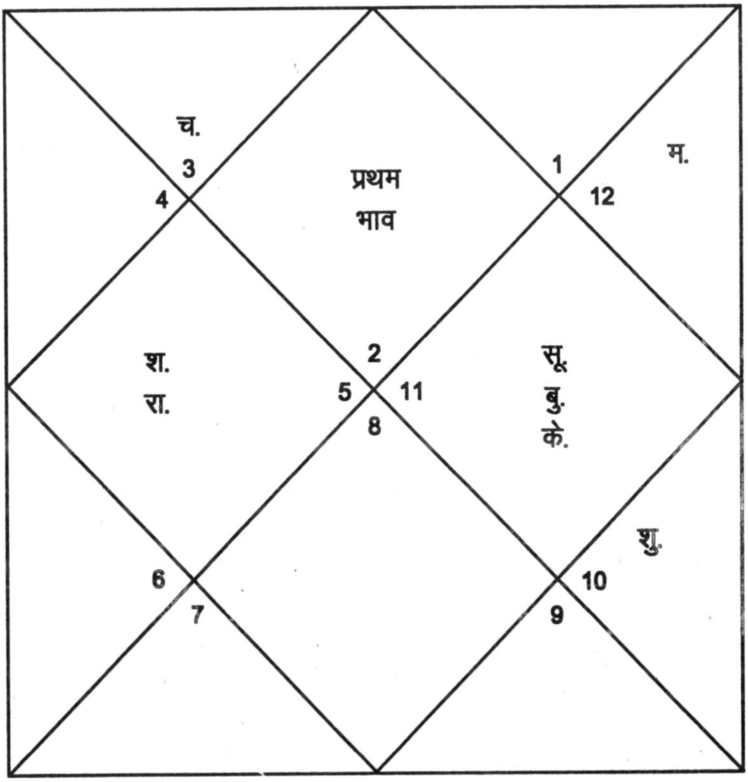

च.
3
4
प्रथम
भाव
1
12
म.
श.
रा.
2
5
11
8
सू.
बु.
के.
शु.
6
7
10
9

चित्र–4

1. विभिन्न प्रकाशनों की Table of Ascendant के द्वारा जन्म के समय पृथ्वी की राशि (डिग्री) की गणना की जाती है। लग्न तालिका में इसे प्रथम भाव में लिखा जाता है तथा Table of Ephimeris के द्वारा अन्य ग्रहों की स्थिति की गणना की जाती

है। गणना की विधि इन पुस्तकों में लिखी होती है, जिसे पढ़कर साधारण गणितीय गणना करने में सक्षम व्यक्ति जन्म कुंडली बना सकता है। Table of Ascendant में जन्म–स्थान के अक्षांश देशांतर के अनुसार गणना में शुद्धि लाई जाती है। अतः इस विधि से जन्म कुंडली शुद्ध रूप से बन जाती है।

2. हिंदी में पंचांग सभी स्थानों पर सरलता से उपलब्ध है। इसमें भी किसी भी तिथि पर लग्न राशि व अन्य ग्रहों की स्थिति दी गई होती है। अतः समय विशेष के लिए पंचांग में ग्रह की जो गति दी जाती है, उसके अनुसार ग्रहों की सही स्थिति की गणना कर जन्म कुंडली बनाई जा सकती है।
3. जन्म कुंडली बनाने हेतु कंप्यूटर में सॉफ्टवेयर भी उपलब्ध है। अतः कंप्यूटर की सहायता से भी जन्म कुंडली बनाई जा सकती है; परंतु जन्म कुंडली के फल की विवेचना इस पुस्तक को पढ़कर स्वयं ही करना उचित होगा, क्योंकि जन्म कुंडली के फलादेश की विवेचना का कोई प्रमाणित सॉफ्टवेयर अभी तक बनाना संभव नहीं हुआ है। निकट वर्षों मे ऐसा करना भी संभव नहीं है, क्योंकि जन्म कुंडली की विवेचना में असंख्य परिवर्तनीय (Variables) तत्त्व हैं।

लग्न कुंडली व चंद्र कुंडली–चित्र–4 में वृष राशि में जनमे व्यक्ति की लग्न कुंडली प्रदर्शित है। यह कुंडली चित्र–3 के अनुसार पृथ्वी व अन्य ग्रहों की स्थिति प्रदर्शित करते हुए बनाई गई है। किसी व्यक्ति के संबंध में ज्योतिषीय अध्ययन के लिए जन्म कुंडली के अतिरिक्त चंद्र कुंडली भी बनाई जाती है। उत्तर भारत में बहुधा जन्म के समय पृथ्वी जिस राशि में होती है उस राशि को उस व्यक्ति की **'लग्न राशि'** या संक्षेप में केवल **'लग्न'** कहते हैं तथा जन्म के समय चंद्रमा जिस राशि में हो उसे **'चंद्र राशि'** या संक्षेप में केवल **'राशि'** कहते हैं किसी व्यक्ति की चंद्र कुंडली बनाने के लिए उसकी लग्न कुंडली में चंद्रमा जिस राशि में हो उस राशि को हम प्रथम भाव में लिख देते हैं तथा उसके आगे की राशियाँ द्वितीय आदि भाव में पूर्व में दी गई विधि से ही लिखते हैं।

इसके बाद लग्न कुंडली में जो ग्रह जिस राशि में है उसी राशि में वह ग्रह लिख देते हैं। उदाहरणार्थ चित्र–4 में बनाई गई लग्न कुंडली की चंद्र कुंडली चित्र–5 के अनुसार होगी। चित्र–4 में चंद्रमा राशि संख्या–3 (मिथुन) में है। अतः चित्र–5 में प्रथम भाव में 3 लिखा गया है तथा उसके बाद की राशियाँ द्वितीय, तृतीय आदि भाव में लिखी गई हैं। जो ग्रह जिस राशि में चित्र–4 में है, वह उसी राशि में चित्र–5 में लिखा गया है। यदि किसी व्यक्ति के जन्म के समय पृथ्वी व चंद्रमा एक ही राशि में हों तो उसकी लग्न कुंडली के प्रथम भाव में ही चंद्रमा होगा। अतः उसकी लग्न कुंडली व चंद्र कुंडली एक समान होगी।

चित्र–4 के व्यक्ति की चंद्र कुंडली

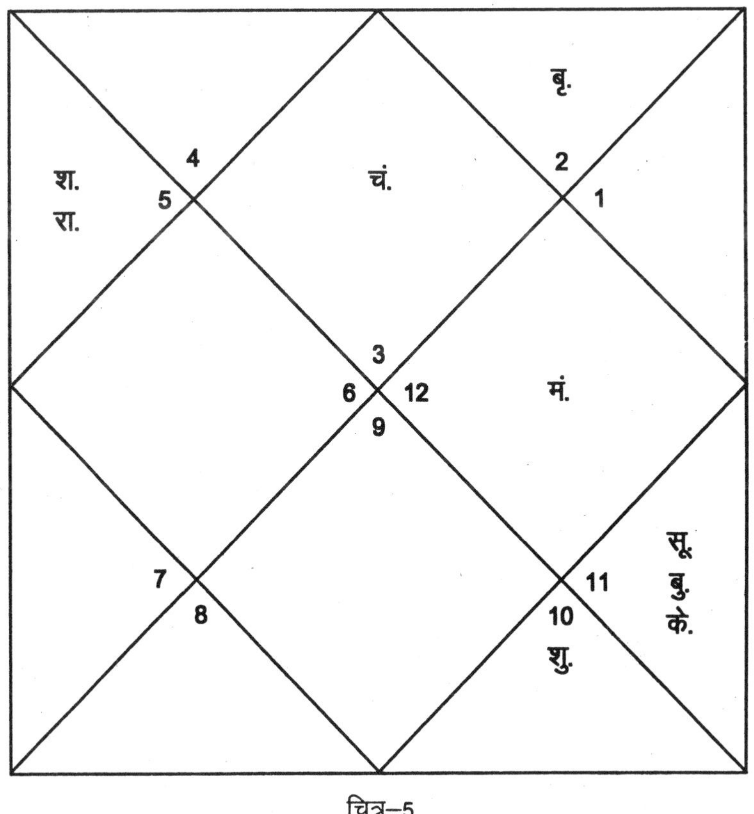

चित्र–5

नवांश कुंडली : नवांश कुंडली एक प्रकार से लग्न कुंडली को सूक्ष्मदर्शी यंत्र से देखने के समान है। (यदि आप गणित के विद्यार्थी नहीं रहे हैं तो प्रारंभिक अध्ययन में नवांश गणना को सरसरी रूप से पढ़कर छोड़ सकते हैं तथा अंत में दी गई तालिका से नवांश बिना गणना किए लिख सकते हैं। गणना का यह अंश इस उद्देश्य से दिया जा रहा है कि आप यहं समझ सकें कि नवांश वास्तव में एक गणना के फलस्वरूप प्राप्त होता है तथा यह कोई काल्पनिक अंश नहीं है।) यदि हम प्रत्येक राशि को नौ बराबर हिस्सें में बाँटें तो प्रत्येक छोटा हिस्सा $30^0 \div 9 = 3^0 20'$ (तीन डिग्री बीस मिनट) का होगा। यहाँ यह उल्लेखनीय है कि प्रत्येक डिग्री (अंश) में 60 मिनट माना जाता है। परंतु नवांशों के स्वामी का क्रम राशियों के स्वामी के क्रम से ही चलता है। इसे इस प्रकार समझा जा सकता है—

नवांश	राशि स्वामी	नवांश	राशि स्वामी
1	1	11	11
2	2	12	12
3	3	13	1
4	4	14	2
5	5	15	3
6	6	16	4
7	7	17	5
8	8	18	6
9	9	↓	↓
10	10		

उक्त के क्रम में पच्चीसवीं नवांश में राशि स्वामी पुनः 1 (मंगल) आ जाएगा। यद्यपि नवांश की गणना जटिल है तथा कंप्यूटर द्वारा आसानी से इसे बनाया जाने लगा है, तथापि इस लेखक को ईश्वर की कृपा से इसकी गणना की एक सरल विधि प्राप्त हुई है, जिसके

द्वारा कुछ क्षणों में ही लग्न व ग्रहों की डिग्री (अंश) से उसके नवांश की गणना की जा सकती है।

उदाहरणार्थ–यदि किसी ग्रह की स्थिति 9-12^0-35' (अर्थात् नौवीं राशि के बाद मकर राशि में 12^0 35') है तो हम पूर्ण राशि संख्या में 9 का गुणा करेंगे तथा शेष डिग्री अंश को प्रत्येक नवांश 3^0 20 का मानते हुए उस भाग की नवांश संख्या ज्ञात करेंगे और उसके उपरांत दोनों संख्याओं का योग करेंगे।

उपर्युक्त उदाहरण से–

$9 \times 9 = 81$

12^0 35′ में प्रत्येक नवांश 3^0 20 मानते हुए यह चौथा नवांश आएगा।

अतः प्राप्त संख्या $81 + 4 = 85$

अब उपर्युक्त प्राप्त संख्या में 12 का भाग देने पर जो संख्या शेष होगी, वही नवांश होगा। अतः 85 में 12 का भाग देने पर क्योंकि शेष 1 बचता है, अतः उपर्युक्त नक्षत्र, जो 9-12^0-35′ की स्थिति पर है, का नवांश 1 होगा; परंतु यदि शेष शून्य है तो नवांश 12 माना जाएगा।

नवांश गणना को पूर्णतः स्पष्ट करने के लिए यदि चित्र–3 में दिखाए गए ग्रहों की स्थिति डिग्री अंश सहित निम्नानुसार हो तो उसकी नवांश गणना करके स्थिति स्पष्ट की जा रही है। लग्न या ग्रह की स्पष्ट स्थिति के लिए जो तीन मान लिखे जा रहे हैं, उनमें बाईं ओर सबसे पहले पूर्ण हो चुकी राशि लिखते हैं, उसके बाद पूर्ण डिग्री तथा अंत में मिनट लिखा जाता है। चित्र–3 व 4 में चंद्र मिथुन (3) में है, यदि मिथुन मं 10^0 25′ पर है तो हम 2-10^0-25' लिखेंगे (यदि पूर्ण राशि के अनुसार न लिखकर वास्तव में केवल डिग्री अंश लिखना चाहें तो 70^0 25′ होगा, क्योंकि वृष राशि पूर्ण होने पर 60^0 पूर्ण होगी; परंतु सामान्यतः 70^0 25′ के स्थान पर 2-10^0 15′ ही लिखने की परंपरा है)

चित्र–3 व 4 की कुंडली की नवांश गणना

लग्न/ग्रह	डिग्री अंश स्थिति	नवांश गणना	नवांश
लग्न	1-19⁰-26	$\frac{(1 \times 9) + 19^0\text{-}26' \text{ का नवांश}}{12}$ $= \frac{(9+6)}{12}$ शेष 3	3
बृहस्पति	1-22⁰-35	$\frac{(1 \times 9) + 22^0\text{-}35' \text{ का नवांश}}{12}$ $= \frac{(9+7)}{12}$ शेष 4	4
चंद्र	2-16⁰-50	$\frac{(2 \times 9) + 16^0\text{-}50' \text{ का नवांश}}{12}$ $= \frac{(18+6)}{12}$ शेष 0 अतः 12	12
शनि	4-3⁰-10	$\frac{(2 \times 9) + 3^0\text{-}10' \text{ का नवांश}}{12}$ $= \frac{(36+1)}{12}$ शेष 1	1
राहु	4-27⁰-55	$\frac{(4 \times 9) + 27^0\text{-}55' \text{ का नवांश}}{12}$ $= \frac{(36+9)}{12}$ शेष 9	9
शुक्र	9-13⁰-25	$\frac{(9 \times 9) + 13^0\text{-}25' \text{ का नवांश}}{12}$ $= \frac{(81+4)}{12}$ शेष 1	1
सूर्य	10-17⁰-19	$\frac{(10 \times 9) + 17^0\text{-}19' \text{ का नवांश}}{12}$ $= \frac{(90+6)}{12}$ शेष 0	12

बुध	10-29°-59'	$\frac{(10 \times 9) + 29°\text{-}59' \text{ का नवांश}}{12}$ $= \frac{(90 + 9)}{12}$ शेष 3	3
केतु	10-27°-55'	$\frac{(10 \times 9) + 27°\text{-}55' \text{ का नवांश}}{12}$ $= \frac{(90 + 9)}{12}$ शेष 3	3
मंगल	11-26°-47'	$\frac{(11 \times 9) + 26°\text{-}47' \text{ का नवांश}}{12}$ $= \frac{(99 + 9)}{12}$ शेष 0 अतः 12	12

उपर्युक्त नवांश गणना के बाद नवांश कुंडली बनाते समय प्रथम भाव में लग्न का नवांश अर्थात् 3 (मिथुन) राशि लिखा जाएगा। इसके उपरांत पूर्व की भाँति राशियाँ द्वितीय, तृतीय भावों में घड़ी की सुई उलटी दिशा में चलते हुए लिखी जाएगी। इसके पश्चात् नवांश कुंडली में ग्रह उनकी नवांश संख्या के अनुसार लिखे जाएँगे। उदाहरणार्थ–बृहस्पति 4 में, चंद्र 12 में आदि। इस प्रकार चित्र–6 के अनुसार नवांश कुंडली बन जाएगी।

आवश्यक : चित्र–3, 4, 5 व 6 एक ही व्यक्ति के जन्म के समय को अलग–अलग रूप में प्रदर्शित करते हैं। चित्र–3 में जन्म के समय पृथ्वी के परिपथ में पृथ्वी व अन्य ग्रहों का सीमांकन किया जाता है। चित्र–4 में यही स्थिति जन्म कुंडली के रूप में दिखाई गई तथा जन्म की इसी स्थिति को चित्र–5 में चंद्र कुंडली व चित्र–6 में नवांश कुंडली के रूप में प्रदर्शित किया गया है। विवेचना के लिए लग्न, चंद्र कुंडली व नवांश कुंडली तीनों को देखकर ही विवेचना करना उत्तम होता है।

उपर्युक्त से यह स्पष्ट है कि सामान्यतः मात्र जन्म कुंडली को

देखकर या मात्र राशि के आधार पर कुछ बातें बताकर दूसरों को प्रभावित करना मनोरंजन का साधन मात्र है। इसी प्रकार नित्य प्रातः समाचार–पत्र आदि में केवल राशि के अनुसार फल देखकर प्रसन्न हो जाना भी आपका मनोविलास है। इस बात का वास्तविक ज्योतिष विज्ञान से कोई संबंध नहीं है।

चित्र–4 के व्यक्ति की नवांश कुंडली

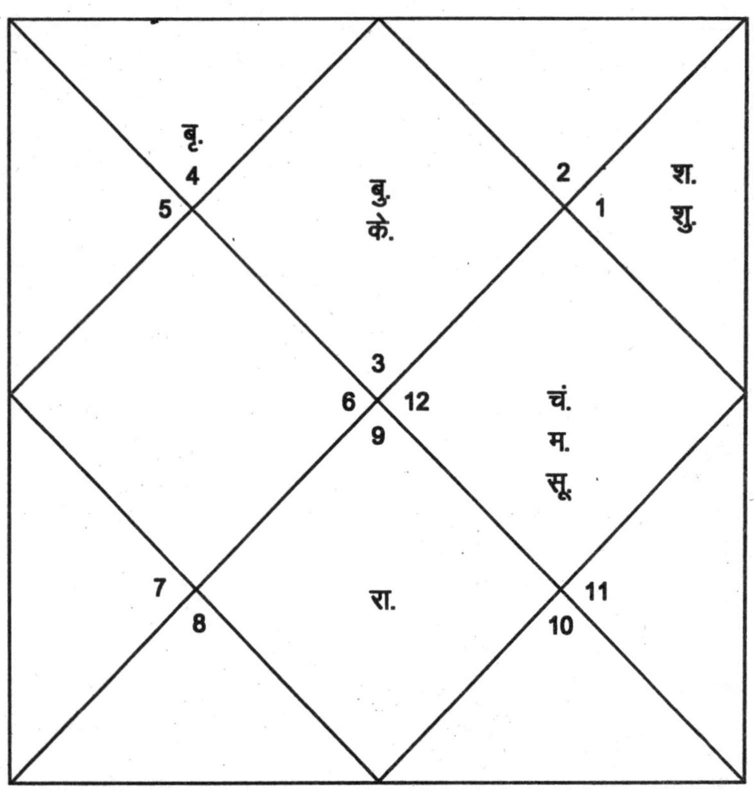

चित्र–6

उपर्युक्त विधि से आप नवांश की गणना स्वयं कर सकते हैं, परंतु जैसा प्रारंभ में कहा गया है, यदि आप गणना नहीं करना चाहते हैं तो निम्नलिखित तालिका में लग्न या नक्षत्र जिस राशि में

जिस डिग्री अंश पर है, उसको देखते हुए नवांश देख सकते हैं। उदाहरणार्थ, ऊपर की गणना हेतु दिए गए उदाहरण में लग्न 1-19° 26′ अर्थात् वृष राशि में 19° -26′ पर है तो निम्नलिखित तालिका से भी नवांश 3 प्राप्त होगा, जैसा गणना से भी प्राप्त हुआ है। इसी प्रकार ऊपर गणना में शनि 4-3°-10′ का नवांश 1 ही है।

डिग्री अंश \ राशि	मेष	वृष	मिथुन	कर्क	सिंह	कन्या	तुला	वृश्चिक	धनु	मकर	कुंभ	मीन
0 से 3°-20′	1	10	7	4	1	10	7	4	1	10	7	4
3°-20′ से 6°-40′	2	11	8	5	2	11	8	5	2	11	8	5
6°-40′ से 10°	3	12	9	6	3	12	9	6	3	12	9	6
10° से 13°-20′	4	1	10	7	4	1	10	7	4	1	10	7
13°-20′ से 16°-40′	5	2	11	8	5	2	11	8	5	2	11	8
16°-40′ से 20′	6	3	12	9	6	3	12	9	6	3	12	9
20° से 23°-20	7	4	1	10	7	4	1	10	7	4	1	10
23°-20′ से 26°-40′	8	5	2	11	8	5	2	11	8	5	2	11
26°-40′ से 30′	9	6	3	12	9	6	3	12	9	6	3	12

वर्गोत्तम

यदि लग्न या कोई ग्रह लग्न कुंडली में जिस राशि में हो तथा नवांश चक्र में उसी राशि में हो तो उसे 'वर्गोत्तम' कहते हैं। वर्गोत्तम स्थिति से उस लग्न या ग्रह को विशेष बल प्राप्त होता है। ऊपर गणना हेतु लिये गए उदाहरण में मंगल 11-26° -47′ पर है। अतः लग्न कुंडली में मंगल बारहवीं राशि, अर्थात् मीन में है। मंगल की इस स्थिति, अर्थात् 11-26°-47′ (मीन में 26°-47′) के नवांश की गणना से नवांश भी 12 प्राप्त होता है। अतः नवांश कुंडली में मंगल मीन में दिखाया गया है, तथा लग्न कुंडली व नवांश कुंडली में मंगल एक ही राशि में होने के कारण इस उदाहरण में मंगल की स्थिति वर्गोत्तम है।

नक्षत्र—भारतीय ज्योतिष—पद्धति में नक्षत्र का भी विशेष महत्त्व माना

गया है। पृथ्वी के कुल 360^0 के परिपथ को नक्षत्रों के लिए कुल 27 भागों में बाँटा गया है (वैसे ही जैसे राशियों के लिए इसे 12 भागों में बाँटा गया है)। अतः प्रत्येक नक्षत्र 360/27=13^0 20′ का होगा। इसके उपरांत भी नक्षत्र को चार चरणों में बाँटा गया है। प्रत्येक चरण 13^0 20/4=3^0 20′ का होगा। ज्योतिष विज्ञान में किसी व्यक्ति के जन्म का नक्षत्र वह नक्षत्र होगा। जिसमें उसके जन्म के समय चंद्रमा स्थित था, अर्थात् जन्म के समय चंद्रमा की राशि डिग्री मिनट से उसका नक्षत्र ज्ञात कर सकते हैं, गणना हेतु ऊपर उदाहरण दिया गया है। उसमें चंद्रमा 2-16^0 -50′ है। अतः नीचे दी गई तालिका से उसका नक्षत्र आर्द्रा होगा। प्रत्येक नक्षत्र को 3^0 20′ के चार भागों में बाँटकर उस नक्षत्र को प्रथम, द्वितीय, तृतीय व चतुर्थ चरण के अनुसार लिख सकते हैं। ऊपर दिए गए उदाहरण में चंद्रमा 2-16^0 -50′ होने के कारण आर्द्रा नक्षत्र के चतुर्थ चरण में होगा; क्योंकि आर्द्रा नक्षत्र 2-6^0-40′ से 2-20^0 -0′ तक है। इसका प्रथम चरण 6^0-40′ से 10^0, द्वितीय चरण 10^0 से 13^0-20′, तृतीय चरण 13^0 -20′ से 16^0-40′ तथा चतुर्थ चरण 16^0-40′ से 20^0 तक होगा।

क्र.सं.	चंद्रमा की स्थिति (राशि–डिग्री–मिनट)				नक्षत्र
1.	0-0-0′	से	0-13^0-20′	तक	अश्विनी
2.	0-13^0-20′	से	0-26^0-40′	तक	भरणी
3.	0-26^0-24′	से	1-10^0-0′	तक	कृत्तिका
4.	1-10^0-0′	से	1-23^0-20′	तक	रोहिणी
5.	1-23^0-20′	से	2-6^0-40′	तक	मृगशिरा
6.	2-6^0-40′	से	2-20^0-0′	तक	आर्द्रा
7.	2-20^0-0′	से	3-3^0-20′	तक	पुनर्वसु
8.	3-3^0-20′	से	3-16^0-40′	तक	पुष्य
9.	3-16^0-40′	से	4-0^0-0′	तक	आश्लेषा

10.	4-0°-0′	से	4-13°-20′	तक	मघा
11.	4-13°-20′	से	4-26°-24′	तक	पूर्वा–फाल्गुनी
12.	4-26°-24′	से	5-10°-0′	तक	उत्तरा–फाल्गुनी
13.	5-10°-0′	से	5-23°-20′	तक	हस्त
14.	5-23°-20′	से	6-6°-40′	तक	चित्रा
15.	6-6°-40′	से	6-20°-0′	तक	स्वाती
16.	6-20°-0′	से	7-3°-20′	तक	विशाखा
17.	7-3°-20′	से	7-16°-40′	तक	अनुराधा
18.	7-16°-40′	से	8-0°-0′	तक	ज्येष्ठा
19.	8-0°-0′	से	8-13°-20′	तक	मूल
20.	8-13°-20′	से	8-26°-40′	तक	पूर्वाषाढ़
21.	8-26°-40′	से	9-10°-0′	तक	उत्तराषाढ़
22.	9-10°-0′	से	9-23°-20′	तक	श्रवण
23.	9-23°-20′	से	10-6°-40′	तक	धनिष्ठा
24.	10-6°-40′	से	10-20°-0′	तक	शतभिष
25.	10-20°-0′	से	11-3°-20′	तक	पूर्वा–भाद्रपद
26.	11-3°-20′	से	11-16°-40′	तक	उत्तरा–भाद्रपद
27.	41-16°-40′	से	0-0°-0′	तक	रेवती

महादशा व अंतर्दशा

ज्योतिष विज्ञान में यह परिकल्पना की गई है कि प्रत्येक समय नौ प्रमुख ग्रहों में से किसी एक ग्रह का अधिक प्रभाव होता है, अर्थात् उस ग्रह की महादशा चल रही होती है। महादशा की गणना को जन्म के समय चंद्रमा के डिग्री अंश के समकक्ष Table of Ephimeris में दी गई तालिका की सहायता से सरलता से किया जा सकता है। प्रत्येक ग्रह की महादशा जिस क्रम से जितने वर्षो तक चलती है, वह निम्नानुसार है—

क्र.सं.	ग्रह	महादशा की अवधि (वर्षों में)
1.	केतु	7
2.	शुक्र	20
3.	सूर्य	6
4.	चंद्र	10
5.	मंगल	7
6.	राहु	18
7.	बृहस्पति	16
8.	शनि	19
9.	बुध	17

प्रत्येक ग्रह की महादशा में सभी नौ ग्रहों की अंतर्दशाएँ इसी अनुपात के समय के लिए चलती हैं। किसी भी व्यक्ति के लिए कोई विशेष ग्रह अच्छा या सामान्य जैसा होगा, वैसे ही फल की आशा उस ग्रह की महादशा व अंतर्दशा में की जाएगी।

महादशा व अंतर्दशा के समय की गणना जन्म के समय चंद्रमा की स्थिति से की जाती है, अतः लग्न व चंद्रमा के डिग्री अंशों की गणना में विशेष सावधानी की आवश्यकता है।

ज्योतिष विज्ञान एक अथाह सागर की भाँति है। इस विज्ञान में अध्ययन के जो मुख्य बिंदु हैं, उनपर ही इस अध्याय में प्रकाश डाला गया है और आगे इस पुस्तक में इन बिंदुओं पर ही पूरा विवरण देते हुए ज्योतिष विज्ञान का सामान्य ज्ञान पाठकों को दिया जा रहा है। यदि पाठकों को इस पुस्तक का अध्ययन करने के बाद इस विषय में आगे रुचि उत्पन्न होती है तो वह ज्योतिष विज्ञान के किसी भी ग्रंथ का अध्ययन करने योग्य ज्ञान इस पुस्तक से प्राप्त करने में सक्षम होगा।

□

अध्याय–3

बारह राशियों के सामान्य गुण

जैसा पूर्व अध्याय में उल्लेख किया गया है कि किसी व्यक्ति के संबंध में ज्योतिष फल बताने के लिए उसकी लग्न कुंडली, चंद्र कुंडली एवं नवांश कुंडली में विभिन्न भावों में स्थित राशियों व ग्रहों को देखते हुए विचार करना होगा। अतः यह आवश्यक है कि सभी राशियों, भावों व ग्रहों के संबंध में ज्ञान प्राप्त किया जाए, ताकि संपूर्ण स्थिति को देखकर निष्कर्ष निकाला जा सके; परंतु आगे अध्ययन के पूर्व यह सावधान करना आवश्यक है कि मात्र राशियों के सामान्य गुण पढ़कर स्वयं को ज्योतिषी न समझ लें। ज्योतिष विज्ञान एक गूढ़ विषय है। इस अध्याय में राशियों के सामान्य गुण बताए जा रहे हैं, किसी व्यक्ति विशेष की जन्म कुंडली में यह राशि किस भाव में है, उस भाव में कौन सा ग्रह स्थित है, राशि का स्वामी किस भाव में है तथा अन्य कौन से ग्रह इस भाव को देख रहे हैं—इन सभी बातों को विचार करने के बाद ही निष्कर्ष निकाला जाता है। अतः मात्र इस अध्याय को पढ़कर किसी व्यक्ति के संबंध में कोई निष्कर्ष निकालने की त्रुटि न करें।

प्रत्येक राशि के गुणों का पृथक्–पृथक् अध्ययन करने के पूर्व राशियों के कुछ सामान्य गुणों को मोटे रूप से कुछ श्रेणियों में विभाजित कर संक्षेप में हम समझ सकते हैं। राशियों का यह श्रेणीबद्ध

संक्षिप्त परिचय बाद में राशियों के सभी गुणों के अध्ययन के समय सहायक होगा। इस श्रेणीबद्ध अध्ययन में हमारे लिए राशियों के नामों के स्थान पर उनकी क्रम संख्या का प्रयोग हम करेंगे। जैसे—मेष के लिए 1, वृष के लिए 2..........मीन के लिए 12।

राशियों के पुरुष व स्त्री गुण : राशियाँ क्रमशः पुरुष व स्त्री गुणवाली होती हैं, अर्थात् **मेष (1) पुरुष गुण, वृष (2) स्त्री गुण, मिथुन (3) पुरुष गुण आदि।**

पुरुष गुण राशि : 1, 3, 5, 7, 9, 11

स्त्री गुण राशि : 2, 4, 6, 8, 10, 12

यहाँ यह तात्पर्य नहीं है कि विषम संख्याओंवाली राशि में पुरुष का ही गुण होगा अथवा सम संख्यावाली राशि में स्त्री का ही जन्म होगा। यहाँ अभिप्राय यह है कि विषम संख्यावाली राशि के व्यक्ति में पुरुषोचित गुण, अर्थात् साहस, पौरुष आदि होगा। यदि किसी स्त्री की राशि विषम है तो उसके व्यक्तित्व में कुछ साहस का समावेश अवश्य होगा। इसके विपरीत यदि किसी पुरुष की राशि सम है तो उसका व्यक्तित्व कुछ रक्षात्मक होगा।

2. राशियों के अग्नि, पृथ्वी, वायु व जल गुण : राशियों में क्रमशः अग्नि, पृथ्वी, वायु व जल के गुण होते हैं, अर्थात् मेष (1) में अग्नि गुण, वृष (2) में पृथ्वी गुण, मिथुन (3) में वायु गुण व कर्क (4) में जल के गुण होते हैं। इसी प्रकार क्रम–संख्यावार आगे की राशियों में ये चारों गुण पाए जाते हैं।

(1) अग्नि गुण राशि : 1, 5, 9

(2) पृथ्वी गुण राशि : 2, 6, 10

(3) वायु गुण राशि : 3, 7, 11

(4) जल गुण राशि : 4, 8, 12

राशि 1, 5, 9 के अग्नि गुण से तात्पर्य आक्रामक स्वभाव, स्वतंत्र व साहसी व्यक्तित्व है। इन व्यक्तियों में महत्त्वाकांक्षा, शक्ति

व आगे बढ़ने के प्रयास के गुण देखे जा सकते हैं।

राशि 2, 6, 10 के पृथ्वी गुण से तात्पर्य व्यक्तित्व की गंभीरता व स्थिरता हैं। ऐसे व्यक्ति बुरे समय के लिए अपने पास कुछ बचत करने व दूसरों को भोजन कराने की इच्छावाले होते हैं। इस राशि में सतर्कता, आत्मरक्षा, आत्मकेंद्रित होना, व्यावहारिकता आदि गुण होंगे।

राशि 3, 7, 11 के वायु गुण से तात्पर्य अस्थिरता, दूसरों से शीघ्र प्रभावित होना, सहृदयता, कल्पनाशीलता आदि है। वायु संगीत का संचालन करते हैं। अतः इस राशि में संगीत का प्रेम प्रमुख गुण है। ऐसे व्यक्ति के व्यक्तित्व में प्रसन्नता, तर्कशीलता, दूसरों के प्रति सद्व्यवहार आदि गुण भी होते हैं।

राशि 4, 8, 12 के जल तत्त्व का तात्पर्य जल के समान जिस पात्र (स्थान) में है, उसके अनुसार अपने व्यक्तित्व को ढालने की प्रवृत्ति है। अतः इस राशि में आक्रामकता या अधिक महत्त्वाकांक्षा का अभाव होगा; परंतु इस राशि में सफल परामर्शदाता, साहित्यकार, कलाकार, अध्यापक, अन्वेषक आदि के गुण होंगे। जल में भी संगीत की तरंगें उठती हैं। अतः संगीत प्रेम का गुण भी इन राशियों में होगा।

3. राशियों के चर–अचर व द्विस्वभाव गुण : राशियाँ क्रमशः चर, अचर व द्विस्वभाव गुण रखती हैं, अर्थात् मेष (1) में चर गुण, वृष (2) में अचर गुण, मिथुन (3) में द्विस्वभाव गुण और इसके बाद पुनः क्रमशः राशियों के चर, अचर व द्विस्वभाव गुण होते हैं।

चर स्वभाव राशि : 1, 4, 7, 10

अचर स्वभाव राशि : 2, 5, 8, 11

द्विस्वभाव राशि : 3, 6, 9, 12

मेष (1), कर्क (4), तुला (7) व मकर (10) राशियों के चर गुण से यह अभिप्राय है कि इन राशियों में एक स्थान से दूसरे स्थान में

जाने की, यात्रा करने की तथा लगातार एक ही स्थान पर न बैठे रहने की इच्छा होती है। यह व्यक्ति अपेक्षाकृत खुले दिमागवाला तथा दूसरों के सुझाव पर ध्यान देनेवाला होता है। ऐसे व्यक्तियों में उत्साह व आगे बढ़ने की महत्त्वाकांक्षा होती है। स्वास्थ्य की दृष्टि से इन राशियों के व्यक्ति के सिर, पेट व गुरदे संवेदनशील होते हैं।

वृष (2), सिंह (5), वृश्चिक (8) व कुंभ (11) के अचर स्वभाव से अभिप्राय यह है कि यह व्यक्ति आसानी से दूसरों के द्वारा प्रभावित नहीं होता है तथा दृढ़ प्रतिज्ञ होता है। यदि यह किसी कार्य को पूर्ण करने का निश्चय करता है तो उस कार्य के पूर्ण करने में आनेवाली बाधाओं को दूर कर कार्य को पूर्ण करने का प्रयास करते हैं। ऐसे लोग व्यावहारिक होते हैं तथा लगातार बैठकर कार्य कर सकते हैं। स्वास्थ्य की दृष्टि से इन व्यक्तियों के हृदय व श्वसन--तंत्र संवेदनशील होते हैं।

मिथुन (3), कन्या (6), धनु (9) व मीन (12) के द्विस्वभाव गुण से अभिप्राय यह है कि इन राशियों में चर व अचर दोनों स्वभाव सम्मिलित होते हैं। ये कभी चर स्वभाव व कभी अचर स्वभाव के अनुसार व्यवहार करते हैं अथवा एक समान व्यवहार करते हैं। इन व्यक्तियों में अनिर्णय की स्थिति रहती है। ये शांतप्रिय व दूसरों के प्रति सहानुभूति रखनेवाले होते हैं। स्वास्थ्य की दृष्टि से इन व्यक्तियों के फेफड़े व नाड़ी–तंत्र संवेदनशील होते हैं।

स्वर व मूक राशियाँ : ध्वनि वायु माध्यम में सबसे तीव्र गति से चलती है। मिथुन (3), तुला (7) व कुंभ (11) वायु गुणोंवाली राशियाँ हैं तथा द्वितीय भाव अन्य बातों के अतिरिक्त स्वर (आवाज) के संबंध में जानकारी देता है। अतः द्वितीय भाव में मिथुन (3), तुला (7) या कुंभ (11) राशि होने पर उस व्यक्ति का स्वर (आवाज) अच्छा होगा। वह अच्छा वक्ता या गायक हो सकता है। अतः 3, 7 व 11 राशि को

'स्वर राशि' कहते हैं।

जल–माध्यम में ध्वनि की गति कम होती है। अतः इस माध्यम में स्वर (आवाज) सामान्य नहीं रहेगी, कुछ कुप्रभाव पड़ेगा। अतः जल गुणवाली मीन राशियों, अर्थात् कर्क (4), वृश्चिक (8) व मीन (12) को 'मूक राशि' कहा जाता है। द्वितीय भाव में इन राशियों के होने पर तथा उसपर अशुभ ग्रह का कुप्रभाव होने पर स्वर (आवाज) सामान्य नहीं होगी। बहुत कुप्रभाव होने पर व्यक्ति मूक भी हो सकता है; परंतु द्वितीय भाव में यदि केवल मूक राशि है, उसपर अन्य कोई कुप्रभाव नहीं है तो स्वर प्रभावित नहीं होगा। यहाँ यह बात केवल उदाहरण के रूप में ही दी जा रही है; कोई स्पष्ट निष्कर्ष तभी निकालना चाहिए जब ज्योतिष विज्ञान का सम्यक् ज्ञान भलीभाँति हो जाए। राशियों से परिचय कराने के लिए उनके कुछ सामान्य गुण ऊपर बताए गए हैं, अब निम्नलिखित विवरण में सभी राशियों के गुणों का पृथक्–पृथक् विवरण विस्तृत रूप से दिया जा रहा है। यह विवरण शुद्ध राशियों के संबंध में है। वास्तव में जो गुण होंगे, वे राशि स्वामी की स्थिति, ग्रहों की स्थिति आदि की पूर्ण स्थिति देखकर ही बताए जा सकते हैं।

1. मेष : मेष 0^0 से 30^0 के बीच स्थित प्रथम राशि है। इसका स्वामी मंगल है तथा इस राशि में सूर्य उच्च का व शनि नीच का होने का प्रभाव रखता है। मेष राशि में स्थित चंद्र व बृहस्पति मित्र–स्थान का लाभ पाते हैं। शुक्र, शनि सम स्थान में तथा बुध शत्रु स्थान की स्थिति प्राप्त करते हैं। अश्विनी व भरणी नक्षत्र के चारों चरण तथा कृत्तिका नक्षत्र का चतुर्थ चरण मेष राशि के अंतर्गत आते हैं। यह राशि अग्नि गुण की प्रधानता, चर स्वभाव व पुरुषोचित चरित्र रखती है। इस राशि का चिह्न नर भेड़ है।

शारीरिक गठन : मध्यम ऊँचाई, मजबूत मांसपेशीयुक्त चुस्त शरीर, रंग गुलाबीपन सहित गोरा। गरदन लंबी, सिर चौड़ा तथा चेहरा

ठोड़ी की ओर कम चौड़ा, नजर तीखी। सुंदर दाँत व बड़ी आँखें।

मनोवृत्ति : सदैव सक्रिय, महत्त्वाकांक्षी, साहसी व स्वतंत्र विचार रखने वाला। दूसरों से मार्गदर्शन करवाने की रुचि नहीं होती है।

सामान्य चरित्र : प्रथम राशि व स्वामी मंगल के प्रभाव से मेष राशि का व्यक्ति सदैव अन्य व्यक्तियों के बीच अग्रणी स्थान को पाने की इच्छा रखेगा। यह दूसरों के सुझावों पर शीघ्र प्रभावित नहीं होगा तथा अपने स्वतंत्र विचारों पर ही चलना चाहेगा। वैज्ञानिक विचारधारा व कार्य–प्रणाली, उद्यमी व महत्त्वाकांक्षी होना इनके गुण हैं। आत्मविश्वास व सकारात्मक विचार इनके चरित्र में निखार लाते हैं। चर राशि होने के कारण जिस वस्तु या परिस्थिति को ये पसंद नहीं करते हैं उसमें परिवर्तन करने में इन्हें कोई अरुचि नहीं होगी; परंतु यदि मेष राशि पर कोई ग्रह आदि का दुष्प्रभाव है तो मानसिक परेशानी या सिर में चोट संभव है। मेष लग्न में शनि या चंद्रमा स्थित होने पर भी मानसिक स्थिति में दुष्प्रभाव संभावित है। बहुधा ऐसे व्यक्ति किसी समस्या पर गंभीरतापूर्वक विचार किए बगैर कार्य करने की प्रवृत्ति के कारण परेशानी में आ जाते हैं। अतः इस प्रवृत्ति पर अंकुश लगाने की आवश्यकता है।

सामान्यतः इनका स्वास्थ्य संतोषजनक होगा; परंतु दुर्घटना में सिर में चोट लगने की संभावना रहती है। यदि षष्ठम भाव कुप्रभावित है तो सिरदर्द व पाचन–तंत्र संबंधी रोग संभावित है।

मेष राशि के व्यक्ति मित्रों के प्रति सहृदय होते हैं। अतः इनकी मित्र–मंडली बड़ी होती है। ये व्यक्ति परिवार के सदस्यों के प्रति लगाव रखते हैं तथा अपने घर के रख–रखाव के प्रति भी ध्यान देते हैं।

2. वृष : ज्योतिष चक्र की यह द्वितीय राशि है, जो 30^0 से 60^0 के बीच स्थित रहती है। यह राशि पृथ्वी गुण की प्रधानता, अचर स्वभाव व स्त्रियोचित चरित्र रखती है। इस राशि में स्थित होने पर चंद्रमा उच्च का होता है, सूर्य के लिए यह शत्रु स्थान है, बुध व शनि के लिए मित्र

स्थान तथा मंगल व बृहस्पति के लिए सम स्थान है। कृत्तिका नक्षत्र के द्वितीय, तृतीय व चतुर्थ चरण, रोहिणी नक्षत्र के चारों चरण तथा मृगशिरा नक्षत्र के प्रथम व द्वितीय चरण वृष राशि के अंतर्गत आते हैं। इस राशि का स्वामी शुक्र है तथा कोई भी ग्रह वृष में स्थित होने पर नीच नहीं होता है। इस राशि का चिह्न वृष (Bull) है।

शारीरिक गठन : मध्यम ऊँचाई, राशि के स्वामी शुक्र के कारण शरीर भारी, मोटापे की संभावना, चौड़े कंधे व मजबूत मांसपेशियाँ। चेहरा व आँखें सुंदर, बड़े कान।

मनोवृत्ति : हठ व घमंड सहित महत्त्वाकांक्षा रखनेवाला, परंतु साथ ही मित्रों व परिचितों के प्रति प्यार व सहृदयता की प्रवृत्ति। कभी–कभी अपनी बात पर अड़ियल रहने की प्रवृत्ति।

सामान्य चरित्र : पृथ्वी के गुण व अचर स्वभाव के कारण इस राशि में धैर्य की प्रमुखता है तथा परिणाम के तत्काल आशा के बगैर धैर्यपूर्वक कार्य करने की क्षमता है; परंतु यदि इन्हें जानबूझकर उत्तेजित किया जाएगा तो अपने चिह्न वृष के समान प्रतिद्वंद्वी से बदला लेने की भी इच्छा इनमें उत्पन्न हो जाती है। वृष के समान इनकी शारीरिक शक्ति पर्याप्त है। अतः भले ही देखने में इन व्यक्तियों में उतनी शारीरिक शक्ति प्रतीत न हो, परंतु इनके शरीर में गुप्त शारीरिक शक्ति अवश्य होती है। गुप्त शारीरिक शक्ति रोगों के प्रति प्रतिरोधक क्षमता भी देती है। अतः सामान्यतः इन व्यक्तियों का स्वास्थ्य अच्छा रहता है।

शारीरिक सुख की इच्छा रखेगा तथा अच्छे भोजन व मिष्टान्न के प्रति रुचि रखेगा। आर्थिक स्थिति सुधारते रहने, अर्थात् धन कमाने की इच्छा रखेगा। साथ ही अपने सुख के कार्यों के लिए व्यय भी करेगा। यह अपने घर को व्यवस्थित व सुरुचिपूर्ण रखेगा तथा यदि पारिवारिक सदस्य इस कार्य में सहयोग नहीं करेंगे तो उनसे

स्वतः संबंध में मधुरता नहीं रहेगी। मित्रों के बीच बातचीत की विशेष रुचि रहेगी।

यद्यपि सामान्यतः इसका स्वास्थ्य अच्छा रहता है, परंतु यदि यह अस्वस्थ होता है तो टॉन्सिल अथवा गले की अन्य बीमारी की अधिक आशंका रहेगी। चालीस वर्ष की आयु के बाद कब्ज व इससे संबंधित अन्य रोगों की संभावना रहती है।

3. मिथुन : ज्योतिष चक्र की यह तृतीय राशि है, जो 60^0 से 90^0 के बीच स्थित रहती है। यह राशि वायु गुण की प्रधान, द्विस्वभाव तथा पुरुष चरित्र–पूर्ण है। यह एक स्वर राशि है। इस राशि का स्वामी बुध है। अन्य कोई ग्रह इस राशि में स्थित होने पर उच्च या नीच का प्रभाव नहीं रखता है। बृहस्पति के लिए यह सम स्थान है, शनि व शुक्र के लिए मित्र स्थान तथा सूर्य, चंद्र व मंगल के लिए यह शत्रु स्थान है, गदा लिये हुए पुरुष व वीणा ली हुई स्त्री की जोड़ी इस राशि का चिह्न है। मृगशिरा नक्षत्र के तृतीय व चतुर्थ चरण, आर्द्रा नक्षत्र के चारों चरण तथा पुनर्वसु नक्षत्र के प्रथम, द्वितीय व तृतीय चरण मिथुन राशि में पड़ते हैं।

शारीरिक गठन : ऊँचा व सीधा कद, लंबे हाथ तथा उभरी हुई नसें, पैरों का गठन अपेक्षाकृत कम मोटाईवाला। आँखों में हलका लाल या भूरा रंग। गेहुँआ रंग। नजर तीखी व नाक बड़ी।

मनोवृत्ति : निष्कपट, सरल व हाजिरजवाब। लेखन व अध्ययन के प्रति अभिरुचि। कभी–कभी अस्थिर चित्त, स्थिरता व धैर्य की कमी। परिवर्तन की प्रवृत्ति।

सामान्य चरित्र : सक्रिय तथा गणित, यांत्रिकी, वैज्ञानिक विषयों के अध्ययन के प्रति अभिरुचि। किसी भी विषय पर पक्ष व विपक्ष में तर्क देने की सामर्थ्य रहती है; परंतु राशि का स्वामी वायु होने के कारण धैर्य व स्थिरता का अभाव है। अतः प्रबंधक के कार्य को

कुशलता से करने में कठिनाई आएगी। यात्रा करने की इच्छा रहेगी। द्विस्वभाव के कारण यह व्यक्ति एक समय में एक से अधिक कार्य करने की प्रवृत्ति रखता है तथा नई परिस्थितियों में आसानी से अपना स्थान बना लेते हैं। सामान्यतः आवाज अच्छी व तेज होगी, गायन में भी रुचि होगी। राशि का स्वामी बुध होने के कारण बौद्धिक विषयों में विशेष रुचि किसी भी नए विचार को स्वीकार करने में तत्पर। अपनी हाजिरजवाबी के कारण समाज में पहचाने जाएँगे। किसी कार्य को करते समय परिणाम की प्रतीक्षा के लिए धैर्य का अभाव रहता है तथा शीघ्र परिणाम जानने की उत्सुकता रहती है, जिसके कारण कार्य का सही प्रकार से किया जाना प्रभावित होता है। छोटे रास्ते से मंजिल पर पहुँचने की कोशिश में छोटे रास्ते की परेशानियों में फँस सकते हैं।

धैर्य का अभाव तथा अनावश्यक चिंता मस्तिष्क पर प्रतिकूल प्रभाव डालेगा तथा इससे संबंधित रोग की आशंका रहेगी; परंतु यदि मानसिक तनाव पर नियंत्रण रखे तो स्वास्थ्य सामान्य रहेगा। बीमारी की दशा में सर्दी, जुकाम, फेफड़े के रोग होने की संभावना अधिक रहेगी।

4. कर्क : ज्योतिष चक्र की यह चतुर्थ राशि है, जो 90^0 से 120^0 के बीच स्थित होती है। इसका स्वभाव चर, जल व नारी चरित्रवाला होता है। यह मूक राशि है। कर्क राशि का स्वामी चंद्रमा होता है। इस राशि में स्थित होने पर बृहस्पति उच्च का प्रभाव रखता है; परंतु मंगल नीच का प्रभाव रखता है। सूर्य के लिए यह राशि मित्र स्थान है तथा बुध, शुक्र व शनि के लिए शत्रु स्थान है। पुनर्वसु नक्षत्र का अंतिम चरण व पुष्य तथा आश्लेषा नक्षत्र के चारों चरण इस राशि के अंतर्गत आते हैं। इस राशि का चिह्न 'केकड़ा' है।

शारीरिक गठन : मध्यम ऊँचाई, भरा हुआ चेहरा, आयु बढ़ने के साथ–साथ तोंद निकलने की संभावना। शरीर का ऊपरी भाग भारी व गढ़ा हुआ, परंतु हाथ–पैर अपेक्षाकृत पतले। रंग गोरा, सीना चौड़ा।

मनोवृत्ति : अति संवेदनशील, अन्वेषणशील, धैर्य की कमी, संगीत–प्रेमी, कल्पनाशील। मानसिकता में समय–समय पर परिवर्तन, क्षणिक क्रोध आना। कभी अति साहसी, कभी साहस का अभाव।

सामान्य चरित्र : अति बुद्धिमान, मितव्ययी, परिश्रमी, मस्तिष्क में सहज बोधशक्ति व किसी परिस्थिति को गहराई से समझने की क्षमता होगी। आमोद–प्रमोद व संगीत के प्रति रुचि। अपने परिजनों के प्रति विशेष लगाव व आत्मविश्वास। यह बातूनी, ईमानदार व अपनी बात पर दृढ़ होता है।

जल–प्रधान होने के कारण कर्क राशि के व्यक्ति को आसानी से प्रभावित किया जा सकता है। यह व्यक्ति किसी भी परिस्थिति के अनुकूल अपने को ढालने की शक्ति रखता है। यह व्यक्ति कर्तव्यपरायण होता है तथा इसमें उत्तरदायित्व की भावना होती है। पुरानी घटनाओं को याद रखने की तथा बातचीत में इन घटनाओं को दोहराने की आदत इस आदमी में होती है। प्यार व न्यायपूर्ण व्यवहार व अतिथि–सत्कार इसके चरित्र की विशेषता है।

इस व्यक्ति का स्वास्थ्य बचपन व यौवनकाल में अच्छा नहीं रहता है। साँस व पाचनतंत्र के रोग के प्रति इसे सतर्क रहने की आवश्यकता है। अच्छे भोजन की ओर विशेष लगाव भी पाचन संबंधी रोग को दे सकता है। मदिरापान की प्रवृत्ति भी हो सकती है, जिसपर नियंत्रण की आवश्यकता है।

5. सिंह : यह ज्योतिष चक्र की पाँचवीं राशि है, जो 120^0 से 150^0 के बीच स्थित है। यह अग्नि, अचर व पुरुष चरित्र से युक्त है। इस राशि का स्वामी सूर्य है। अन्य कोई ग्रह इस राशि में उच्च या नीच का नहीं होता है। सिंह राशि चंद्र, मंगल व बृहस्पति के लिए मित्र स्थान है तथा बुध, शुक्र व शनि के लिए शत्रु स्थान है। मघा व पूर्वा–फाल्गुनी नक्षत्रों के चारों चरण तथा उत्तरा–फाल्गुनी नक्षत्र का प्रथम चरण सिंह राशि के अंतर्गत पड़ता है। इस राशि का चिह्न भी

इसके नाम के अनुसार सिंह है।

शारीरिक गठन : आकर्षक शरीर, मजबूत हड्डी, चौड़े कंधे, औसत ऊँचाई, शरीर के ऊपरी भाग का गठन अधिक आकर्षक। विचारशील मुखाकृति। गेहुँआ रंग। सामान्यतः इनका शरीर चुस्त रहता है।

मनोवृत्ति : साहित्य, कला या संगीत के प्रति लगाव; महत्त्वाकांक्षी तथा गर्मजोशी। प्रसन्नचित्त, सहृदय व स्थिर चित्त स्वभाव।

सामान्य चरित्र : सिंह के समान अन्य उपस्थित व्यक्तियों के बीच अपनी उपस्थिति को अनुभव कराने की इच्छा व महत्त्वाकांक्षा। दूसरों की कठिनाई में उन्हें सहायता देने की तथा अपनी मित्र–मंडली रखने की प्रवृत्ति। आत्मविश्वास, विश्वासपात्र तथा परिस्थिति को अपने अनुकूल बनाने की क्षमता। सदैव अध्ययन की प्रवृत्ति । सद्व्यवहार व संवेदनशील। क्षमाशीलता तथा दूसरों की गलतियों को भी भुला देनेवाला। सरल, न्यायपूर्ण व खुला व्यक्तित्व। कठिनाई के क्षणों में इसकी कार्यक्षमता विशेष रूप से सामने आती है। कला–साहित्य व संगीत के प्रति विशेष लगाव। दूसरों के विचार व सुझाव की ओर ध्यान न देने की प्रवृत्ति, जिसके कारण इन व्यक्तियों के संबंध अपने वरिष्ठ सहयोगियों व अधिकारियों से मधुर नहीं रहते हैं। इस प्रवृत्ति पर अंकुश लगाने की आवश्यकता है।

स्वास्थ्य संबंधी परेशानी पर विजय पाने की विशेष क्षमता इसमें रहती है, यद्यपि कुछ कष्ट में भी यह विशेष चिंतित होगा। सामान्यतः स्वास्थ्य अच्छा रहेगा। यदि कुंडली में रोग संबंधी लक्षण होंगे तो हृदय रोग की आशंका रहेगी।

6. कन्या : ज्योतिष चक्र की छठी राशि कन्या 150^0 से 180^0 के बीच स्थित होती है। यह द्विस्वभाव युक्त पृथ्वी गुणवाली नारी राशि है। इस राशि का स्वामी बुध है तथा कन्या में स्थित बुध उच्च हो जाता है। शुक्र यद्यपि बुध के प्रति मित्र है, परंतु कन्या में स्थित शुक्र नीच

हो जाता है। सूर्य, चंद्र, मंगल व बृहस्पति के लिए यह राशि शत्रु स्थान है, केवल शनि के लिए यह राशि मित्र स्थान होती है। उत्तरा–फाल्गुनी नक्षत्र के द्वितीय, तृतीय व चतुर्थ चरण, हस्त नक्षत्र के चारों चरण तथा चित्रा नक्षत्र के प्रथम व द्वितीय चरण इस राशि के अंतर्गत आते हैं। चित्रकारी किए हुए वस्त्र पहनकर धान को भूनती हुई कन्या इस राशि का चिह्न है।

शारीरिक गठन : औसत ऊँचाई, चौड़ा व उभरा हुआ माथा, सदैव सक्रिय पतली आवाज, सीधी लंबी नाक, तीखी व गहराई से देखती हुई नजर, शारीरिक गठन सुडौल रहेगा।

मनोवृत्ति : भावुक, संवेदनशील तथा अध्ययन की प्रवृत्ति। आत्मविश्वास की कमी। सक्रिय मस्तिष्क, किसी कार्य को करने के लिए निर्धारित तरीके से करने की प्रवृत्ति, धैर्यशील, कला, साहित्य या संगीत के प्रति लगाव।

सामान्य चरित्र : अपनी बात संक्षेप में कहने की तथा दूसरों से भी संक्षेप में उनकी बात सुनने की प्रवृत्ति। किसी समस्या को गहराई से सोचकर व्यावहारिक तरीके से कार्य करेंगे। अन्य व्यक्ति की गलती को शीघ्र पकड़ सकते हैं। अतः ये व्यक्ति ऑडिटर के रूप में विशेष रूप से सफल होते हैं। बचपन से ही कन्या लग्न के बच्चे की प्रतिभा सामने आ जाती है। सतर्कता से कार्य करनेवाला। मुसीबत के समय के लिए धन बचाकर रखनेवाला। अतः ऐसे व्यक्ति को कभी अचानक आर्थिक संकट का सामना नहीं करना पड़ता है। अपने कार्यालय या व्यवसाय संबंधी कागजात व्यवस्थित रूप से रखेंगे। विज्ञान व गणित संबंधी विषयों में विशेष रुचि। साथ ही कला, साहित्य व संगीत के प्रति प्रेम। ऐसे व्यक्ति के लिए अध्ययन का विषय विज्ञान या गणित उचित होगा। रुचि के रूप में कला व संगीत के लिए कुछ समय दे सकते हैं। ये व्यक्ति दूसरों की प्रतिभा

से शीघ्र प्रभावित हो जाते हैं, परंतु अपने निजी निर्णय स्वविवेक से लेते हैं। कन्या लग्न के व्यक्तियों की पाचन शक्ति अच्छी नहीं होती है और लीवर कमजोर रहता है।

7. तुला : ज्योतिष चक्र की सातवीं राशि तुला 180^0 से 210^0 के बीच स्थित होती है। यह चर, प्रकृति, वायु गुण व पुरुष राशि है। इस राशि का स्वामी शुक्र है। इस राशि में स्थित होने पर शनि उच्चं हो जाता है; परंतु यदि सूर्य तुला राशि में स्थित हो तो वह नीच हो जाता है। चंद्रमा, मंगल व बृहस्पति के लिए यह शत्रु राशि है। अतः यह ग्रह तुला राशि में स्थित होने पर दुर्बल हो जाता है। बुध के लिए यह मित्र स्थान है। अतः तुला राशि में स्थित होने पर बुध सबल हो जाता है। इस राशि का चिह्न हाथ में वस्तुओं को तौलते हुए सीधी दंडी की तुला लिये हुए मनुष्य है। चित्रा नक्षत्र के तृतीय व चतुर्थ चरण, स्वाती नक्षत्र के चारों चरण तथा विशाखा नक्षत्र के प्रथम तीन चरण तुला राशि में आते हैं।

शारीरिक गठन : सामान्य से कुछ लंबा कद, रंग साफ, चौड़ा चेहरा, सुंदर आँखें, मधुर मुसकान। अधिक आयु में भी कम आयु के प्रतीत होते हैं। चौड़ा सीना, हाथ–पैर पतले, परंतु सुदृढ़।

मनोवृत्ति : आदर्शवादी, त्वरित बुद्धि, अपनी बात पर बल देनेवाले व सकारात्मक विचार। मानसिक संतुलन स्थिर व किसी से पूर्वागृहित न होने की प्रवृत्ति।

सामान्य चरित्र : न्यायपूर्ण दृष्टि, शांतिप्रिय स्वभाव। महत्त्वाकांक्षी, परंतु व्यावहारिकता के स्थान पर आदर्शवादिता को महत्त्व देंगे। अपने विचार पर चलने के लिए दृढ़प्रतिज्ञ। इनके संबंध में अन्य व्यक्ति क्या आलोचना कर रहे हैं, उसकी चिंता तुला लग्नवाले व्यक्ति नहीं करते हैं। राजनीतिक नेता या धर्मगुरु के रूप में यह व्यक्ति जन सामान्य पर विशेष प्रभाव रख सकता है। यह व्यक्ति

स्वस्थ आलोचना पसंद करता है, परंतु किसी विषय पर कटु बहस से बचता है। संगीत–प्रेमी व जीवन के प्रति प्रेम, सद्भाव रखेगा। मानव स्वभाव को समझ सकने की क्षमता। अन्य व्यक्तियों को कष्ट न पहुँचाने की इच्छा रखता है। अच्छे स्वच्छ कपड़े व अच्छे रहन–सहन की इच्छा रखता है।

इन व्यक्तियों का स्वास्थ्य सामान्यतः अच्छा रहता है, परंतु यदि लग्न कुंडली में विपरीत प्रभाव षष्ठम भाव में है तो किडनी व जननेंद्रिय संबंधी बीमारी हो सकती है।

8. वृश्चिक : ज्योतिष चक्र की आठवीं राशि वृश्चिक है। यह ज्योतिष चक्र में 210^0 से 240^0 के बीच स्थित रहती है। यह अचर, प्रकृति, जल गुण व नारी राशि है। इसका स्वामी मंगल है। कोई भी ग्रह इस राशि में उच्चत्व प्राप्त नहीं करता है; परंतु चंद्रमा वृश्चिक में स्थित होने पर नीच हो जाता है। सूर्य व बृहस्पति वृश्चिक राशि के स्वामी मंगल के मित्र हैं। अतः वृश्चिक राशि में स्थित होने पर सूर्य व बृहस्पति बली हो जाते हैं। इसी प्रकार बुध, शुक्र व शनि के लिए मंगल शत्रु है। अतः वृश्चिक में स्थित होने पर बुध, शुक्र व शनि दुर्बल हो जाते हैं। इस राशि का चिह्न वृश्चिक (बिच्छू) है। विशाखा नक्षत्र का चतुर्थ चरण एवं अनुराधा व ज्येष्ठा नक्षत्रों के चारों चरण वृश्चिक राशि के अंतर्गत आते हैं।

शारीरिक गठन : औसत से कुछ अधिक ऊँचाई, सुंदर–सुगठित शरीर, लंबे हाथ, चौड़ा माथा, छोटे व घुँघराले बाल, चौड़ी व मजबूत हड्डियाँ, प्रभावशाली व्यक्तित्व, बड़ी आँखें।

मनोवृत्ति : प्रेरित करनेवाला व्यक्तित्व, अहंकारपूर्ण, द्वेषपूर्ण व शत्रु को कष्ट पहुँचाने की इच्छा। कठिनाई में भी धैर्य से लक्ष्यपूर्ति का प्रयास रखना।

सामान्य चरित्र : उदार स्वभाव, अस्थिर मानसिकता तथा उत्तेजना

उत्पन्न करनेवाली परिस्थितियों की इच्छा रखना। ऐसे व्यक्तियों को मदिरापान की आदत शीघ्र पड़ सकती है। उद्यमी स्वभाव, स्वतंत्र विचार तथा बुद्धिमान। मितव्ययी, परिस्थिति का सहज ज्ञान। अतः डॉक्टर होने की दशा में रोग की पहचान शीघ्र कर सकते हैं। अहित करनेवाले से बदला लेने की इच्छा हमेशा रहेगी। स्पष्ट पसंदगी व नापसंदगी। कला व संगीत के प्रति प्रेम, दूसरों की आलोचना करने की प्रवृत्ति, कुशल वक्ता व लेखक।

वृश्चिक राशि के व्यक्ति को मदिरापान व अन्य मादक पदार्थों के सेवन से बचना चाहिए। इन व्यक्तियों को बवासीर की बीमारी होने की आशंका रहती है।

9. धनु : ज्योतिष चक्र की नौवीं राशि धनु ज्योतिष चक्र में 240^0 से 270^0 के बीच स्थित रहती है। यह द्विस्वभाव, अग्नि गुणवाली व पुरुष राशि है। इस राशि का स्वामी बृहस्पति है। कोई भी ग्रह धनु राशि में उच्चत्व या नीचता नहीं प्राप्त करता है। सूर्य, चंद्रमा व मंगल धनु में स्थित होने पर मित्र स्थान का लाभ प्राप्त करते हैं; परंतु बुध, शुक्र व शनि के लिए बृहस्पति शत्रु है। अतः बुध, शुक्र व शनि धनु राशि में स्थित होने पर शत्रु स्थान की स्थिति पाते हैं।

मूल व पूर्वाषाढ़ नक्षत्रों के चारों चरण तथा उत्तराषाढ़ नक्षत्र का प्रथम चरण धनु राशि में स्थित होता है। धनु राशि का चिह्न घोड़े के ऊपरी भाग पर धनुष–बाण लिये हुए मनुष्य के शरीर का ऊपरी भाग है।

शारीरिक गठन : गोरा रंग, औसत से कुछ अधिक लंबाई, सुंदर सुगठित शरीर, सुगठित दाँत व मधुर मुसकान, भूरापन लिये हुए बाल, उम्र के साथ शरीर में मोटापा लेना।

मनोवृत्ति : साहसी व महत्त्वाकांक्षी, दार्शनिक व मानवीयतापूर्ण मनोवृत्ति, कठिन परिस्थिति में भी गुण–दोष का विचार कर निर्णय लेने की क्षमता।

सामान्य चरित्र : अध्ययन की सदैव इच्छा, प्रथाओं व पुरानी मान्यताओं

के प्रति विश्वास, संवेदनशील व दूरदृष्टि रखनेवाला। स्पष्ट वक्ता, अपने विचार निस्संकोच दूसरों के समक्ष व्यक्त करेगा। किसी कार्य को प्रारंभ करने के पूर्व गुण–दोष पर विचार करेगा। अतः कार्य का प्रारंभ भले ही विलंब से हो, परंतु कार्य पूर्ण करने में सफलता मिलेगी। खेलकूद में रुचि। आत्मविश्वास व न्यायपूर्ण व्यवहार, धर्म के प्रति श्रद्धा व ईश्वरीय सत्ता में विश्वास, अपने खान–पान के प्रति सचेत। बाहरी दिखावे में विश्वास नहीं होगा।

कफ व श्वास संबंधी रोग होने की आशंका रहेगी। अधिक उम्र पर साइटिका व गठिया रोग हो सकता है।

10. मकर : ज्योतिष चक्र की दसवीं राशि मकर 270^0 से 300^0 के बीच स्थित होती है। 270^0 की स्थिति पर सूर्य दक्षिण के दूरस्थ स्थान पर रहता है तथा इसके बाद उत्तर की ओर बढ़ने लगता है। इसी कारण 270^0 की स्थिति पर सूर्य होने को 'मकर सक्रांति काल' भी कहते हैं। इस समय दक्षिणी ध्रुववासी के लिए आधा दिन बीत चुका होता है, जबकि उत्तरी ध्रुव के लिए यह मध्य रात्रि का समय होता है। मकर चर, पृथ्वी गुण व नारी चरित्रवाली राशि है। मकर राशि का स्वामी शनि है, मकर राशि में स्थित होने पर मंगल उच्च का गुण प्राप्त कर लेता है; परंतु बृहस्पति की स्थिति मकर में नीच की हो जाती है। सूर्य व चंद्रमा के लिए यह शत्रु स्थान है, परंतु शुक्र व बुध के लिए यह मित्र स्थान है।

उत्तराषाढ़ का द्वितीय, तृतीय व चतुर्थ चरण, श्रवण नक्षत्र के चारों चरण तथा धनिष्ठा नक्षत्र का प्रथम व द्वितीय चरण मकर राशि के अंतर्गत पड़ते हैं। इस राशि का चिह्न भी मकर है।

शारीरिक गठन : बचपन में कमजोर शरीर, परंतु पंद्रह–सोलह वर्ष की आयु में शारीरिक स्वास्थ्य में उल्लेखनीय सुधार। इसके बाद लंबा व स्वस्थ शरीर। बड़ा सिर, चौड़ा चेहरा, बड़ी नाक, कड़े बाल।

मनोवृत्ति : सहानुभूति, दयालुता व सह्रदयता से परिपूर्ण चालाक व दृढ़प्रतिज्ञ। कार्य शीघ्र पूर्ण करने की इच्छा व साहस। दुःख–सुख को समभाव से सहन करने की शक्ति।

सामान्य चरित्र : किसी भी परिस्थिति के अनुकूल अपने को ढालने की शक्ति। परिवार के रख–रखाव में मितव्ययी नहीं होंगे। किसी व्यक्ति से मित्रता करने के पूर्व समय लगेगा। बातूनी स्वभाव। शर्त, बाजी या जुआ में धन गँवाने की अपेक्षा थोड़ी–थोड़ी बचत करके धन जोड़ने में विश्वास। मकर राशि के पृथ्वी गुण के फलस्वरूप यह व्यक्ति सामान्यतः फिजूल खर्च नहीं करता है। यह सामान्यतः व्यवहार में ईमानदार, हितैषी व विश्वसनीय होता है। किसी भी विपरीत परिस्थिति में कार्य पूर्ण करने में यह जुट जाता है; परंतु यह व्यक्ति स्वयं निराशावादी होता है, यद्यपि बाहरी व्यवहार से यह निराशावादी प्रतीत नहीं होता है।

निराशावादी सोच के कारण इन व्यक्तियों का पाचन तंत्र प्रभावित होता है। आयु बढ़ने के साथ–साथ पाचन तंत्र संबंधी रोग हो सकते हैं। इसके अतिरिक्त पैर के बीच के भाग (परिया) में दर्द व पैरों में त्वचा संबंधी रोग भी हो सकते हैं।

11. कुंभ : ज्योतिष चक्र की ग्यारहवीं राशि है, जो ज्योतिष चक्र में 300^0 से 330^0 के बीच स्थित होती है। यह अचर, वायु गुण व पुरुष चरित्रवाली राशि है। मकर के ही समान इस राशि का स्वामी शनि है। अन्य कोई भी ग्रह कुंभ राशि में स्थित होने पर उच्च या नीच नहीं होता है। बुध व शुक्र के लिए कुंभ राशि मित्र है तथा सूर्य, चंद्र, मंगल व बृहस्पति के लिए कुंभ शत्रु स्थान है। धनिष्ठा नक्षत्र का तृतीय व चतुर्थ चरण, शतभिष नक्षत्र के चारों चरण तथा पूर्वा–भाद्रपद नक्षत्र के प्रथम, द्वितीय व तृतीय चरण कुंभ राशि के अंतर्गत आते हैं।

कुंभ राशि का चिह्न 'घड़ा' है, जिसमें से पानी बाहर निकल रहा है। यह उल्लेखनीय है कि केवल कुंभ राशि का चिह्न ऐसा है, जिसमें

किसी जीव का शरीर प्रदर्शित नहीं है।

शारीरिक गठन : बुद्धिमान, दूसरे व्यक्तियों के विचारों को समझने की क्षमता। अतः कुंभ राशि के व्यक्ति को कोई व्यक्ति मीठी बातों से प्रभावित कर सकता है। अति सहानुभूतिपूर्ण व सहृदय व्यक्तित्व, दूसरों की सहायता के लिए सदैव तत्पर।

सामान्य चरित्र : दार्शनिक व्यक्तित्व इन व्यक्तियों को सफल अध्यापक या लेखक बना सकता है। यह अन्य व्यक्तियों के बीच घुलने–मिलने में समय लगाता है, परंतु बाद में अच्छा मित्र बनाता है। मानवीय संवेदनाओं के प्रति संवेदनशील होने के कारण दूसरे व्यक्ति इनके बारे में गलतफहमी रख सकते हैं। इन व्यक्तियों में बातचीत करने की क्षमता होती है। सामान्यतः शांत स्वभाव होगा; परंतु यदि कोई इनकी भावनाओं को आहत करेगा तो ये तीव्र प्रतिरोध करेंगे। पारिवारिक जीवन के प्रति समर्पित तथा अपने जीवन साथी को प्रसन्न रखने का प्रयास करेंगे। विभिन्न बिंदुओं पर ये अपने स्वतंत्र विचार रखेंगे। यदि इन्हें नैतिक रूप से उचित प्रतीत होगा तो ये असामान्य व कुछ हद तक नियम–विरुद्ध विचार रखने में भी नहीं हिचकेंगे। रहन–सहन व कपड़े पहनने के बारे में भी ये व्यक्ति प्रथा या फैशन के विपरीत अपनी इच्छा व रुचि का प्रदर्शन करेंगे। इन व्यक्तियों में प्रत्यक्ष बोध–शक्ति होती है। अतः ये व्यक्ति सफल ज्योतिषी, चिकित्सक, संगीत–प्रेमी आदि हो सकते हैं।

इन व्यक्तियों को सर्दी से विशेष बचाव करना चाहिए। ठंडक से होनेवाले रोगों की आशंका इन्हें अधिक रहेगी। इन व्यक्तियों को थकान जल्दी होगी। अतः ये कड़ी शारीरिक मेहनत के योग्य नहीं हैं। चिंता व थकान होने के कारण पाचन–तंत्र भी प्रभावित हो सकता है।

12. मीन : ज्योतिष चक्र की अंतिम बारहवीं राशि ज्योतिष चक्र में 330^0 से 360^0 के बीच स्थित रहती है। मीन राशि के अंतिम बिंदु

360^0 (मेष राशि का प्रारंभ 0^0) पर सूर्य की स्थिति ठीक भूमध्य रेखा पर रहती है। मीन राशि का स्वामी बृहस्पति है। इस राशि में स्थित शुक्र उच्च हो जाता है, जबकि बुध की मीन राशि में स्थिति बुध को नीच बना देती है। सूर्य, चंद्रमा व मंगल के लिए मीन मित्र राशि है; परंतु मेष राशि के व्यक्ति के लिए मीन में स्थित मंगल मित्रवत् परिणाम नहीं देगा। शनि के लिए यह राशि शत्रु स्थान है। मीन राशि द्विस्वभाव, जल गुण व नारी चरित्र की राशि है। इस राशि में पूर्वा–भाद्रपद नक्षत्र का चतुर्थ चरण, उत्तरा–भाद्रपद नक्षत्र के चारों चरण व रेवती नक्षत्र के चारों चरण स्थित होते हैं।

इस राशि का चिह्न विपरीत दिशा में मुख की हुई दो मछलियाँ हैं।

शारीरिक गठन : सामान्य से कम ऊँचाई, परंतु मोटापा लिये हुए शारीरिक गठन, बड़ी व उभरी हुई आँखें, मुलायम बाल। हाथ–पैरों की लंबाई कम, परंतु मजबूत।

मनोवृत्ति : धार्मिक व दार्शनिक स्वभाव, दब्बू व्यक्तित्व, अपने सपनों में खोए रहना, रोमांस की कल्पना। अन्य व्यक्तियों से शीघ्र प्रभावित होंगे।

सामान्य चरित्र : पुरानी रूढ़ि व प्रथाओं पर चलने में विश्वास तथा रूढ़ियों व प्रथाओं के प्रति डर। किसी समस्या पर गंभीरता से विचार करने के पूर्व ही निर्णय पर पहुँचने की आदत। धार्मिक क्रियाओं पर भी विश्वास। अहिंसा में विश्वास, दूसरों को किसी प्रकार का कष्ट नहीं देना चाहेगा। विचारों में स्थिरता न रहने के कारण व्यावहारिक जीवन में अधिक सफलता मिलने में कठिनाई। यह व्यक्ति अपनी आकांक्षा भी व्यक्त नहीं करता है तथा दूसरों पर निर्भर रहने में कोई हीन भावना अनुभव नहीं करता है। इतिहास व पौराणिक कथाओं के अध्ययन में विशेष रुचि। आत्मविश्वास का अभाव तथा मितव्ययी।

मादक पेय पदार्थों के सेवन से बचें। एड़ी व पैर के रोग की आशंका। पाचन–तंत्र संबंधी रोग भी हो सकते हैं। ☐

अध्याय–4

ग्रहों के सामान्य गुण

आत्मा रविः शीतकरो मनस्तु सत्वं कुजो भाषणमव्ज सूनु :।
वाचांपतिज्ञनिसुखे मदश्च शुक्रो भवेदर्कसुतस्तु दुःखम्।।

—अर्थात् सूर्य शरीर, चंद्रमा मन, मंगल बल, बुध वाणी, बृहस्पति ज्ञान एवं सुख, शुक्र काम व शनि दुःख–ऐसा ग्रहमय हमारा शरीर है।

उपर्युक्त श्लोक से यह सुस्पष्ट है कि जन्म के समय सूर्य, चंद्रमा, मंगल, बुध, बृहस्पति, शुक्र व शनि की स्थिति जन्म लेनेवाले मनुष्य के संपूर्ण शरीर को प्रभावित करती हैं। इसके अतिरिक्त जैसा अध्याय 3 में उल्लेख किया जा चुका है, उक्त 7 आकाशीय पिंडों के अतिरिक्त राहु व केतु, जो वास्तव में छाया ग्रह हैं, को भी सम्मिलित कर कुल नौ ग्रहों के प्रभाव का अध्ययन भारतीय ज्योतिष पद्धति में किया जाता है। कुछ विद्वान् पश्चिमी पद्धति में यूरेनियस, नैप्च्यून व प्लूटो को भी जन्म कुंडली में सम्मिलित करते हैं; परंतु ये ग्रह अधिक दूरी व कम द्रव्यमान के होने के कारण इनका कोई उल्लेखनीय प्रभाव नहीं पड़ता है, अतः भारतीय पद्धति में उपर्युक्तानुसार नौ ग्रहों के ही प्रभाव का अध्ययन किया जाता रहा है। इस पुस्तक में भी भारतीय पद्धति के अनुसार उपर्युक्त नौ ग्रहों का ही वर्णन किया गया है।

सभी ग्रहों के सामान्य गुणों का पृथक्–पृथक् अध्ययन करने के पूर्व ग्रहों के पारस्परिक संबंध के विषय में कुछ बिंदुओं पर जानकारी देना उपयोगी होगा। अतः जिस प्रकार अध्याय 4 में राशियों के पृथक्–पृथक् वर्णन के पूर्व कुछ प्रारंभिक परिचय दिया गया है उसी प्रकार इस अध्याय में ग्रहों के संबंध में कुछ जानकारी प्राप्त कर लेने से बाद में ग्रहों के पृथक्–पृथक् विवरण को समझने में पाठकों को आसानी होगी।

ग्रहों की पारस्परिक मित्रता व शत्रुता : ग्रहों की पारस्परिक मित्रता या शत्रुता भी दो रूपों में होती है—प्रथम, नैसर्गिक मित्रता, अर्थात् ग्रहों के स्वभाव के अनुसार पारस्परिक मित्रता या शत्रुता तथा द्वितीय, किसी जन्म कुंडली में ग्रहों की स्थिति के अनुसार तात्कालिक मित्रता या शत्रुता। जिन ग्रहों के बीच मित्रता या शत्रुता न होकर सामान्य संबंध रहता है, उसे **'सम'** संबंध कहते हैं।

नैसर्गिक या स्वाभाविक संबंध : ग्रहों के नैसर्गिक संबंध इस तालिका में प्रदर्शित किए जा रहे हैं–

ग्रह	मित्र	सम	शत्रु
सूर्य	चं.मं.बृ.	बु.	शु.शु.
चंद्र	सू.बु.	मं.बृ.शु.शु.	×
मंगल	सू.चं.बृ.	शु.श.	बु.
बुध	सू.शु.	मं.बृ.श.	चं.
बृहस्पति	सू.चं.मं.	श.	वु.शु.
शुक्र	बु.शु.	मं.बृ.	सू.चं.
शनि	बु.शु.	बृ.	सू.चं.मं.

तात्कालिक संबंध—ग्रहों के तात्कालिक संबंध किसी जन्म कुंडली में ग्रहों की विभिन्न भावों में स्थिति के अनुसार स्थापित होते हैं।

तात्कालिक संबंध निम्नलिखित सिद्धांतों के अनुसार होते हैं—

1. कोई ग्रह जिस भाव में स्थित है, उस भाव को सम्मिलित करते हुए उससे द्वितीय, तृतीय, चतुर्थ, दशम, एकादश तथा द्वादश भाव में जो ग्रह स्थित होते हैं, वे उस ग्रह के तात्कालिक मित्र होते हैं।
2. जो ग्रह एक ही भाव में स्थित हो या परस्पर पंचम–नवम भाव में, छठे–आठवें भाव में या सातवें भाव में स्थित होते हैं, वे तात्कालिक शत्रु होते हैं।

तात्कालिक संबंध की स्थिति स्पष्ट करने के लिए अध्याय 3 के चित्र 4 में दी गई जन्म कुंडली के ग्रहों का तात्कालिक संबंध उपर्युक्त सिद्धांतों के संदर्भ में आकलन करने पर निम्नलिखित तात्कालिक मैत्री–चक्र सामने आएगा—

ग्रह	मित्र	शत्रु
सूर्य	मं.बृ.शु.	बु.चं.श.
चंद्र	बृ.मं.श.	सू.बु.श.
मंगल	बृ.च.सू.बु.शु.	श.
बुध	मं.बृ.शु.	सू.चं.श.
बृहस्पति	चं.श.मं.सू.बु.	शु.
शुक्र	मं.सू.बु.	बृ.चं.श.
शनि	वृ.च.	मं.सू.बु.शु.

पंचघा मैत्री चक्र : नैसर्गिक व तात्कालिक संबंधों को एक साथ विचारकर पंचघा मैत्री चक्र की ही सहायता से हम यह निष्कर्ष प्राप्त करते हैं कि किसी विशेष जन्म कुंडली में ग्रहों के वास्तविक संबंध कैसे होंगे। पंचघा मैत्री चक्र बनाने के लिए निम्नलिखित पाँच सिद्धांत होते हैं—

1. जो ग्रह नैसर्गिक रूप से तथा तात्कालिक रूप से भी मित्र हैं,

वे अधिमित्र (अत्यंत मित्र) होंगे।

2. जो ग्रह नैसर्गिक रूप से तथा तात्कालिक रूप से भी शत्रु हैं, वे अधिशत्रु (अत्यंत शत्रु) होंगे।
3. जो ग्रह नैसर्गिक व तात्कालिक में से एक स्थान पर मित्र व दूसरे स्थान पर शत्रु हैं, वे परस्पर 'सम' (न शत्रु, न मित्र) संबंध रखेंगे।
4. जो ग्रह नैसर्गिक द तात्कालिक में से एक स्थान पर मित्र व दूसरे स्थान पर 'सम' हैं, वे अंतिम रूप से मित्र ही होंगे।
5. जो ग्रह नैसर्गिक व तात्कालिक में से एक स्थान पर शत्रु व दूसरे स्थान पर 'सम' हैं, वे अंतिम रूप से परस्पर शत्रु होंगे।

उपर्युक्त सिद्धांतों के संदर्भ में अध्याय 3 के चित्र 4 की जन्म कुंडली का पंचघा मैत्री–चक्र इस प्रकार से होगा।

अध्याय 3 के चित्र 4 की जन्म कुंडली का पंचघा मैत्री–चक्र

ग्रह	अधिमित्र	मित्र	सम	शत्रु	अधिशत्रु
सूर्य	मं.बृ.	–	च.शु.	बु.	श.
चंद्र	–	बृ.मं.श.	सू.ब.	शु.	–
मंगल	सू.चं.बृ.	शु.	बु.	श.	–
बुध	शु.	मं.बृ.	सू.	श.	च.
बृहस्पति	सू.चं.मं.	श.	बु.	–	शु.
शुक्र	बु.	मं.	सू.श.	बृ.	चं.
शनि	–	बृ.	बु.शु.च.	–	सू.भं.

पंचघा मैत्री–चक्र का महत्त्व : कोई भी ग्रह किसी जन्म कुंडली में मित्र या शत्रु राशि में स्थित है अथवा मित्र या शत्रु के साथ स्थित है या मित्र या शत्रु की दृष्टि उसपर पड़ रही है, इसका महत्त्व हम एक साधारण उदाहरण से समझ सकते हैं। कोई सबल व्यक्ति भी यदि किसी ऐसे स्थान पर रह रहा है जो उसके शत्रु का घर है तो वह

सबल व्यक्ति भी स्वयं को निर्बल महसूस करेगा। इसके विपरीत, यदि कोई दुर्बल व्यक्ति भी किसी मित्र के घर रुका हुआ है तो स्वाभाविक है कि वह दुर्बल व्यक्ति भी अपने को सबल महसूस करेगा। इसी प्रकार कोई ग्रह अपने अधिमित्र या मित्र ग्रह की राशि में स्थित हो या अधिमित्र या मित्र ग्रह की दृष्टि उसपर हो तो वह ग्रह अधिक बल प्राप्त कर लेगा। इसके विपरीत शुभ ग्रह भी यदि अधिशत्रु या शत्रु ग्रह की राशि में स्थित हो या अधिशत्रु ग्रह शत्रु ग्रह की दृष्टि उसपर पड़ रही हो तो शुभ ग्रह भी पूर्णतः शुभ फल देने में समर्थ नहीं रहेगा। इस संबंध में विस्तृत रूप से विचार जन्म तालिका के फल विवेचन संबंधी अध्याय में किया जाएगा।

ग्रह राशि का उच्च–नीच व मूल त्रिकोण : ग्रह के मित्र, शत्रु आदि को राशि में स्थित होने के अतिरिक्त ग्रह स्वभाववश किसी विशेष राशि में विशेष बलशाली हो जाते हैं। इस स्थिति को ज्योतिष विज्ञान में उस ग्रह को 'उच्च राशिगत' होना कहते हैं। कोई ग्रह जिस स्थिति में उच्च राशिगत होता है, उससे 180^0 की स्थिति में नीच राशिगत होता है। इसके अतिरिक्त प्रत्येक ग्रह के लिए कोई विशेष राशि उसे मूल त्रिकोण राशि होती है। उच्च राशिगत होने पर ग्रह विशेष प्रभावी हो जाता है। इससे कम, परंतु फिर भी पर्याप्त प्रभाव मूल त्रिकोण व स्वराशिगत ग्रह में भी होता है। इसके विपरीत शुभ ग्रह भी नीच राशिगत होने पर अपना शुभ प्रभाव छोड़ देता है। विभिन्न ग्रह किन राशियों में उच्च राशिगत या नीच राशिगत होते हैं–यह निम्नलिखित तालिका में स्पष्ट किया गया है। इस तालिका में राशियों को उनकी क्रम संख्या से प्रदर्शित किया गया है।

ग्रहों की विभिन्न राशियों में विशेष स्थिति

ग्रह	स्वराशि	मूल त्रिकोण राशि	उच्च राशि	नीच राशि
सूर्य	5	5	1	7
चंद्र	4	2	2	8

मंगल	1,8	1	10	4
बुध	3,6	6	6	12
बृहस्पति	9,12	9	4	10
शुक्र	2,7	7	12	6
शनि	10,11	11	7	1

विद्वानों ने उपर्युक्त के अतिरिक्त ग्रह जिस राशि में उच्च होते हैं, उसमें भी विशेष अंश में परम उच्च होना बतलाया है। परम उच्च अंश से ठीक 180^0 की स्थिति पर ग्रह परम नीच की स्थिति प्राप्त कर लेता है। उदाहरणार्थ सूर्य मेष (1) राशि में 10^0 पर परम उच्च होता है। अतः तुला (7) राशि में 10^0 पर परम नीच स्थिति प्राप्त करेगा। इसी प्रकार चंद्र–वृष (2) में 3^0 पर परम उच्च तथा वृश्चिक (8) में 3^0 पर परम नीच होता है, मंगल–मकर (10) में 28^0 पर परम उच्च तथा कर्क (4) में 28^0 पर परम नीच होता है, बुध–कन्या (6) में 15^0 पर परम उच्च तथा मीन (12) में 15^0 पर. परम नीच होता है, बृहस्पति–कर्क (4) में 5^0 पर परम उच्च तथा मकर (10) में 5^0 पर परम नीच होता है, शुक्र–मीन (12) में 27^0 पर परम उच्च तथा कन्या (6) में 27^0 पर परम नीच होता है, शनि–तुला (7) में 20^0 पर परम उच्च तथा मेष (1) में 20^0 पर परम नीच होता है।

ग्रहों का अस्त व उदित होना : हम जानते हैं कि सूर्य अत्यधिक ज्योतिष ऊर्जा रखता है। अतः विभिन्न ग्रह सूर्य के अति समीप होने पर उनका प्रभाव कुछ कम हो जाता है। किसी ग्रह के इस प्रकार आने की अवस्था में यह कहा जाता है कि ग्रह अस्त हो गया है। सूर्य के समीप विभिन्न ग्रहों के आने पर अस्त होने के डिग्री अंशमान विद्वानों द्वारा निर्धारित किए गए हैं। उदाहरणार्थ, चंद्रमा सूर्य से 12^0 के दूर होने (अर्थात् चंद्रमा की स्थिति सूर्य से 12^0 पीछे या 12^0 आगे होने) पर चंद्रमा को अस्त माना जाता है। इसी प्रकार मंगल के अस्त होने की स्थिति सूर्य से 17^0 की दूरी पर होती है। बुध सूर्य से 14^0

की दूरी होने पर अस्त होता है। बृहस्पति सूर्य से 11^0 की दूरी होने पर अस्त होता है। शुक्र सूर्य से 10^0 की दूरी पर तथा शनि सूर्य से 15^0 की दूरी पर अस्त रहता है। जो ग्रह अस्त अवस्था में नहीं है वह ग्रह 'उदित' कहलाता है।

ग्रहों की दृष्टि : ग्रह जिस स्थान पर (अर्थात् लग्न तालिका के जिस भाव में स्थित रहता है, केवल उसी भाव पर अपना प्रभाव नहीं रखता है, उसके अतिरिक्त उसकी दृष्टि अन्य स्थान पर भी होती है। इस प्रकार ग्रह की दृष्टि जिस अन्य भाव पर होती है, उस भाव पर भी उस ग्रह का प्रभाव होता है। सामान्यतः सभी ग्रह अपने ठीक सामने, अर्थात् 180^0 को पूर्ण दृष्टि से देखते हैं। 180^0 की दृष्टि से तात्पर्य है कि ग्रह जिस भाव में स्थित है उस भाव को सम्मिलित कर अपने सातवें भाव पर पूर्ण दृष्टि रखता है। अतः यदि कोई ग्रह प्रथम भाव में स्थित है तो वह सातवें भाव को पूर्ण दृष्टि से देखेगा। इसी प्रकार यदि कोई ग्रह पाँचवें भाव में स्थित है तो वह ग्यारहवें भाव को पूर्ण दृष्टि से देखेगा।

उक्त सातवें भाव की दृष्टि के अतिरिक्त मंगल, बृहस्पति तथा शनि कुछ अन्य भावों को भी पूर्ण दृष्टि से देखते हैं। विभिन्न ग्रह अपने से आगे जिन भावों को पूर्ण दृष्टि से देखते हैं वह इस तालिका में वर्णित है–

सूर्य	**पूर्ण दृष्टि से अपने आगे जिस भाव को देखते हैं**
सूर्य	7
चंद्र	7
मंगल	1,7,8
बुध	7
बृहस्पति	5,7,9
शुक्र	7
शनि	3,7,10

उपर्युक्त पूर्ण दृष्टि के अतिरिक्त प्राचीन ग्रंथों में ग्रहों की आधी या चौथाई दृष्टि का भी उल्लेख किया गया है; परंतु ज्योतिष विज्ञान के सामान्य ज्ञान के लिए आधी या चौथाई दृष्टि का विचार किया जाना आवश्यक नहीं है।

शुभ, अशुभ तथा क्रूर ग्रह : उदित चंद्रमा, बुध, बृहस्पति एवं शुक्र को 'शुभ ग्रह' माना जाता है, अर्थात् ये ग्रह सामान्यतः शुभ फल ही देते हैं। अस्त चंद्रमा, मंगल व शनि अशुभ ग्रह होते हैं; जबकि सूर्य क्रूर ग्रह होता है। राहु व केतु भी सामान्यतः अशुभ ग्रह माने जाते हैं। यद्यपि राहु व केतु जिस भाव में स्थित होते हैं उस भाव के स्वामी के समान व्यवहार करते हैं; परंतु इनका सामान्य चरित्र शनि के समान होता है। अतः इन्हें 'अशुभ ग्रह' माना जाता है। अशुभ व क्रूर ग्रह स्वग्रही या उच्च न हों अथवा शुभ ग्रह की दृष्टि इनपर पड़ रही हो तो ये ग्रह जिस भाव में स्थित हैं, उसपर अपना अशुभ प्रभाव छोड़ते हैं। उदाहरणार्थ, प्रथम भाव में शनि यदि स्वगृही या उच्च का नहीं है तथा अन्य शुभ ग्रह की दृष्टि उसपर नहीं पड़ रही है तो जातक (जिसपर व्यक्ति की जन्म कुंडली का अध्ययन किया जा रहा है) के प्रथम भाव पर शनि के प्रभाव के कारण वह आलसी, विलंब करनेवाला व श्याम वर्ण का होगा। इसी प्रकार किसी स्त्री के पंचम भाव में मंगल (उपर्युक्त शुभ प्रभावरहित) स्थित होने पर उसका प्रथम प्रसव अत्यंत कष्टप्रद होगा, जिसमें ऑपरेशन की आशंका अधिक होगी।

ग्रहों के उपर्युक्त सामान्य गुणों के अध्ययन के उपरांत यह आवश्यक है कि सभी ग्रहों के व्यक्तिगत विशेष गुणों की विस्तृत जानकारी प्राप्त की जाए। ग्रह जिस भाव में स्थित होंगे उस भाव पर अपने गुण का प्रभाव डालेंगे, परंतु जैसा पूर्व में अनुरोध किया जा चुका है, किसी जन्म कुंडली का निष्कर्ष प्राप्त करने के पूर्व सभी भावों, ग्रहों व राशियों की स्थिति का अध्ययन करना आवश्यक है, केवल किसी एक भाव या किसी एक ग्रह की स्थिति के आधार पर

निष्कर्ष निकालना अनुचित होगा।

सूर्य : सूर्य समस्त सौरमंडल का केंद्रबिंदु है। अतः सूर्य को सभी ग्रहों का पिता समान कहा जाता है। ज्योतिष के अध्ययन के अंतर्गत सभी नक्षत्रों में सूर्य सबसे बड़ा है। सभी नक्षत्रों को यदि सम्मिलित कर लें तो उससे भी 750 गुना बड़ा पिता सूर्य है। सूर्य शुष्क, नर सत्त्वगुण–प्रधान, स्थिर स्वभाव व अग्नि के तेज से युक्त है। धातुओं में स्वर्ण, पित्त दोष–प्रधान, अल्पकेश वरन व चतुष्पाद पशुओं का स्वामी, शासक का प्रिय, पहाड़ व वन की यात्रा की इच्छा रखनेवाला, लाल रंग, दैवी बुद्धि—ये सब सूर्य के गुण बताए गए हैं। सूर्य सिंह राशि का स्वामी है तथा यह मेष राशि में उच्चत्व व तुला राशि में नीचत्व प्राप्त करता है।

शारीरिक गठन : सूर्य से प्रभावित शरीर (यदि लग्न या राशि सिंह हो) सामान्यतः सुंदर, स्वस्थ और गठन, शहद के समान आँखों तथा बड़े सिरवाला होगा।

स्वास्थ्य पर प्रभाव : सूर्य यदि बलवान् नहीं है तथा रोगकारक है तो हृदय व आँख संबंधी बीमारी की आशंका होगी। यदि सूर्य पर शनि का दुष्प्रभाव है तो कम रक्तचाप; यदि बृहस्पति का दुष्प्रभाव है तो उच्च रक्तचाप तथा यदि मंगल का दुष्प्रभाव तो रक्त–विकार की आशंका होगी। पित्त–विकार सूर्य का प्रमुख चिह्न है।

सामान्य चरित्र : बलवान् सूर्य सत्ता या राजसुख का प्रमुख द्योतक है। प्रथम या दशम भाव में बलवान् सूर्य निश्चित रूप से राजसुख प्रदान करता है। वर्तमान काल में ऐसे व्यक्ति को राजकीय सेवा अवश्य प्राप्त होती है। राजकीय सेवा किस स्तर की होगी, यह बात जन्म कुंडली के संपूर्ण अध्ययन से ही बताई जानी चाहिए। स्वस्थ सूर्य आत्मविश्वास, ईश्वर के प्रति आस्था व मानवीयता के गुण प्रदान करता है; परंतु सूर्य अधिक परिश्रम के बावजूद कम आय का

भी संकेत करता है।

रत्न : सूर्य का रत्न माणिक (रूबी) है। प्रभावित व्यक्ति के द्वारा रविवार को माणिक जड़ित अँगूठी दाएँ हाथ की तीसरी उँगली में धारण करना चाहिए।

विभिन्न भावों में सूर्य की स्थिति का प्रभाव : विभिन्न भावों में सूर्य की स्थिति का सामान्य प्रभाव निम्नानुसार (यह वर्णन केवल सूर्य की स्थिति के अनुसार है तथा किसी जन्म कुंडली में विवेचना सभी भावों, राशियों व ग्रहों की स्थिति का पूर्ण अध्ययन करने के उपरांत ही करनी चाहिए) होता है–

प्रथम भाव में स्थित सूर्य : सबल नैतिकता, शुद्ध अंतःकरण, प्रतिष्ठा की इच्छा, प्रसन्नचित्त व आशावादी, किसी स्थिति के गुण–दोष के अत्यधिक चिंतन से मस्तिष्क में स्वयं उलझन उत्पन्न कर देता है।

द्वितीय भाव में स्थित सूर्य : अधिक परिश्रम से अल्प आयु, जिद्दी व ईर्ष्यालु स्वभाव अपने पुत्र के लिए भी यह स्थिति अच्छी नहीं है।

तृतीय भाव में स्थित सूर्य : साहसी, अच्छा वक्ता, सक्रिय मस्तिष्क, सत्कार्य की प्रवृत्ति, वाहन सुख।

चतुर्थ भाव में स्थित सूर्य : सुःख की कमी व चिंता में वृद्धि, आर्थिक स्थिति के लिए भी प्रतिकूल, उत्तराधिकार में कुछ संपत्ति मिल सकती है।

पंचम भाव में सूर्य : संतान, धन व प्रसन्नता में कमी; स्त्री के पंचम भाव में सूर्य प्रथम प्रसव में कठिनाई उत्पन्न करेगा। व्यर्थ की यात्राएँ। शिव भक्त।

षष्ठम भाव में सूर्य : प्रसन्नता, शत्रुओं पर विजय, राजनीति में सफलता, राजकीय पद प्राप्ति की संभावना। लंबी चलनेवाली, परंतु

जीवन पर संकट न देनेवाली बीमारी, जैसे–चर्म रोग आदि।

सप्तम भाव में सूर्य : कम मित्र, मित्रों के साथ संबंधों में कठिनाई, विवाह में विलंब या वैवाहिक जीवन में कठिनाई, राजकीय सेवा या राजकीय समर्थन के लिए प्रतिकूल।

अष्टम भाव में सूर्य : कमजोर आँख, अधिक शत्रु, क्रोध, आर्थिक स्थिति के प्रतिकूल। उच्च या स्वगृही सूर्य लंबी आयु देगा।

नवम भाव में सूर्य : उच्च, स्वगृही या शुभ स्थिति में सूर्य धर्म पिता (व अन्य गुरुजन) के प्रति आस्था देगा; परंतु सूर्य की स्थिति कमजोर होने पर प्रतिकूल प्रभाव होगा।

दशम भाव में सूर्य : सूर्य की सर्वोत्तम स्थिति दशम भाव में है। संगीत–प्रेमी, राजनीति में सफलता या उच्च राजकीय पद की प्राप्ति, बुद्धिमान, धन–सुख, संपत्ति–प्राप्ति प्रमुख लक्षण हैं।

एकादश भाव में सूर्य : सौभाग्य का प्रतीक, उच्च राजकीय पद, संगीत–प्रेमी, सिद्धांतों के प्रति दृढ़, परिवार के लिए भी शुभ।

द्वादश भाव में सूर्य : कमजोर आँख, नैतिकता में कमी, सफलता में कमी, परंतु परिश्रमी।

चंद्र

चंद्रमा पृथ्वी के सबसे समीप है। अतः पृथ्वी के सापेक्ष इसकी गति सर्वाधिक है। प्रत्येक चौबीस घंटे में चंद्रमा सभी बारह राशियों की यात्रा पूर्ण कर लेता है, अर्थात् प्रतिदिन चंद्रमा लगभग दो घंटे के लिए एक–एक राशि की यात्रा पूर्ण कर सभी बारह राशियों में रहता है। अतः स्पष्ट है कि चंद्रमा का प्रभाव जीवन में सबसे महत्त्वपूर्ण होता है। चंद्रमा मस्तिष्क (मनोदशा) को पूर्णतः प्रभावित करता है, अर्थात् चंद्रमा जिस भाव में स्थित होगा उसी भाव के

कार्यों के प्रति विशेष रुचि उत्पन्न करेगा। चंद्रमा आर्द्र भूमिचारी, तपयुक्त, गौरवर्ण, जलचारी, सत्त्वगुण–प्रधान, कफ–प्रधान, रजत (चाँदी) का स्वामी, अत्यंत पुष्ट, तरुण व लवण रस–प्रधान शुभ ग्रह है। कर्क राशि का स्वामी चंद्र होता है। चंद्र वृष राशि में उच्च तथा वृश्चिक राशि में नीच हो जाता है।

शारीरिक गठन : गौर वर्ण, स्थूल चौकोर शरीर, पुष्ट वक्षस्थल, उभरा हुआ उदर।

सामान्य चरित्र : चंद्रमा का सामान्य चरित्र परिवर्तनशील है। शुभ या अशुभ ग्रहों का दृष्टि से इसका चरित्र अत्यधिक प्रभावित होता है। यह जन–सामान्य का भी द्योतक है। यह जनप्रिय व्यक्तित्व देता है तथा अन्य ग्रहों आदि के अनुकूल होने पर राजनीति में सफलता देता है। सामान्यतः जन–संपर्क में सहायक चंद्रमा द्रवों का भी द्योतक है। अतः यह द्रव पदार्थों, यथा–तेल, दूध, इत्र आदि के व्यवसाय में सहायक है। कल्पनाशीलता भी चंद्रमा का गुण है। अतः काव्य–रचना, संगीत व कला में भी सफलता देता है। चंद्र पर बुध की शुभ दृष्टि अच्छे कवि या लेखक को जन्म देगी, परंतु अशुभ पूर्ण स्थिति में बुध की दृष्टि मानसिक अस्थिरता व असत्य बोलने का गुण देगी। चंद्र पर शुक्र की शुभ दृष्टि संगीत व कला के क्षेत्र में योगदान में सहायक है; परंतु यदि अशुभ दशा में दृष्टि है तो कामुकता को जन्म देगी। इसी प्रकार मंगल की चंद्र पर शुभ दृष्टि जातक के व्यक्तित्व में सहायक है तथा निर्भीक बनाता है; परंतु यदि मंगल की चंद्र पर अशुभ स्थिति में दृष्टि है तो निराशा तथा मानसिक उत्तेजना को जन्म देता है तथा स्त्रियों में ऐसी अशुभ स्थिति मासिक धर्म व प्रसव में कष्ट देता है। बृहस्पति की चंद्र पर शुभ दृष्टि अति उत्तम है। इससे मस्तिष्क लगनशील, धैर्यवान्, कल्पनाशील और आशावादी होता है; परंतु शुभ दृष्टि न होने पर अधैर्य व फिजूलखर्च बनाता है। चंद्र पर शनि की शुभ दृष्टि मस्तिष्क में स्थिरता, धैर्य

तथा व्यय में संयम प्रदान करता है; पर शनि की चंद्र पर कुदृष्टि अत्यंत अशुभ लक्षण है। इसके फलस्वरूप घोर निराशा व मिरगी की स्थिति भी उत्पन्न हो सकती है। ऐसी दशा में जातक अपने मस्तिष्क को अध्ययन में भी ध्यानस्थ करने में सफल नहीं होगा।

रत्न

मोती चंद्र का प्रमुख रत्न है। अतः चंद्रमा से पीड़ित व्यक्ति को सोमवार को मोतीजड़ित चाँदी की अँगूठी दाएँ हाथ की सबसे छोटी अँगुली में पहननी चाहिए। लेखक का यह भी अनुभव रहा है कि चंद्रमा से पीड़ित व्यक्ति को पूर्णमासी की तिथि पर चाँदी की चंद्रमा की आकृति काले धागे में गले में पहनना लाभप्रद होता है।

स्वास्थ्य पर प्रभाव : कमजोर शनि पर शनि व मंगल का प्रभाव मस्तिष्क को निराशापूर्ण दशा देता है। मिरगी या दौरे पड़ने की स्थिति भी उत्पन्न हो सकती है। छठे या ग्यारहवें भाव में चंद्रमा बचपन में अस्वस्थता देता है तथा सर्दी, कफ, श्वास आदि के रोग देता है।

विभिन्न भावों में चंद्र की स्थिति का प्रभाव

प्रथम भाव में स्थित चंद्र : कलात्मक अभिरुचि, जनसामान्य में लोकप्रिय व्यक्तित्व, गंभीरता का अभाव, यात्रा की रुचि। मेष तथा वृष के लिए विशेष शुभ।

द्वितीय भाव में स्थित चंद्र : शुभ चंद्र की दशा में आर्थिक स्थिति समृद्ध; परंतु परिवर्तनशील गौर वर्ण, व्यक्तित्व अधिक मिलनसार नहीं होगा।

तृतीय भाव में स्थित चंद्र : व्यवसाय में परिवर्तन, विभिन्न यात्राएँ, ज्ञानवान्।

चतुर्थ भाव में चंद्र : अचल संपत्ति तथा वाहन सुख, राजकीय शक्ति का समर्थन, स्वयं के सुख व प्रसन्नता के कार्यों की इच्छा।

पंचम भाव में चंद्र : सत्यवादी सुख व प्रसन्नता संतान के लिए शुभ, प्राथमिक व माध्यमिक शिक्षा में अच्छा स्थान। अशुभ दृष्टि होने पर प्रतिकूल प्रभाव।

षष्ठम भाव में चंद्र : बचपन में अत्यंत अस्वस्थ, सर्दी का प्रकोप, श्वास रोग।

सप्तम भाव में चंद्र : घमंडी, सुंदर पत्नी या पति, आर्थिक स्थिति के लिए अशुभ स्थिति।

अष्टम भाव में चंद्र : मानसिक स्थिति के लिए प्रतिकूल स्थिति, राजकीय शक्ति के समर्थन का अभाव, आर्थिक स्थिति के लिए प्रतिकूल।

नवम भाव में चंद्र : पिता के प्रति आदर व लगाव, धर्म व अध्यात्म में रुचि, धार्मिक यात्राएँ, आर्थिक स्थिति के लिए शुभ स्थिति। अशुभ व कुदृष्टि पर प्रतिकूल परिणाम।

दशम भाव में चंद्र : सच्चरित्र, आर्थिक स्थिति सुदृढ़, राजकीय शक्ति का समर्थन या राजकीय सेवा, जन–समर्थन, जन–संपर्क या पत्रकारिता के प्रति अभिरुचि।

एकादश भाव में चंद्र : सौभाग्यशाली, प्रसन्नपूर्ण, वाहन–सुख, बचपन में अस्वस्थ, व्यापार में उन्नति, सुखी परिवार।

द्वादश भाव में चंद्र : अधिक व्यय, दृष्टि दोष, कफ संबंधी रोग, अनुदार हृदय, अभाग्यशाली स्थिति।

मंगल : सूर्य से पृथ्वी के बाहर की ओर मंगल पृथ्वी का समीपस्थ ग्रह है। मंगल सूर्य की परिक्रमा जिस परिपथ पर करता है, वह

पृथ्वी के परिपथ के बाहर होता है। मंगल सूर्य के आस–पास 687 दिनों में एक परिक्रमा पूर्ण करता है, अर्थात् मंगल को सभी 12 राशियों में एक बार की यात्रा पूर्ण करने में 687 दिनों का समय लगता है। किसी एक राशि में मंगल औसतन 57 दिनों तक रहता है। मंगल पृथ्वी के समान ही अपने अक्ष पर गोल घूमता है तथा एक चक्कर घूमने में 24 घंटे 37 मिनट 23 सेकेंड का समय लगाता है, अर्थात् मंगल में भी पृथ्वी के समान दिन–रात होते हैं; यद्यपि उसका समय पृथ्वी की अपेक्षा कुछ अधिक होता है। लाल रंग का मंगल ग्रह स्वच्छ आकाश होने पर रात्रि में स्पष्ट दिखाई देता है। मंगल शुष्क, लाल व पुरुष ग्रह है। यह मेष राशि का स्वामी है। मकर राशि में मंगल उच्च हो जाता है, जबकि कर्क राशि में यह नीच हो जाता है। मंगल ऊर्जा, शक्ति व शौर्य का प्रतीक है। अतः यदि मंगल शुभ स्थिति में है तो आत्मविश्वास, साहस व सफलता में सहायक होगा; परंतु यदि इसकी स्थिति शुभ नहीं है तो यह प्रतिकूल प्रभाव देगा। इसीलिए मंगल को सामान्यतः 'पाप–ग्रह' माना जाता है। मंगल अचल संपत्ति तथा भाई का भी प्रतीक है।

विद्वान् कहते हैं कि मंगल से इन बातों का विचार करें, शारीरिक व मानसिक शक्ति, पृथ्वी तल के नीचे से उत्पन्न होनेवाले खनिज पदार्थ, अग्नि, स्वर्ण, अस्त्र, उत्साह, रति, पाप–कार्य, घाव, चोट, लहू, सेनापति (पुलिस सहित) क्रोध आदि।

शारीरिक गठन : गुलाबीपन सहित गोरा रंग, स्वस्थ मांसपेशी सहित लंबा शरीर, गोल आँखें, पतली कमर व मजबूत हड्डियाँ।

स्वास्थ्य पर प्रभाव : अशुभ स्थिति में मंगल गंभीर दुर्घटना व रक्तस्राव का द्योतक है (प्रथम भाव में होने पर सिर में चोट)। इसके अतिरिक्त द्वादश भाव में अशुभ स्थिति में मंगल उस व्यक्ति को निरुद्ध कर सकता है (चिकित्सालय या जेल–यात्रा अन्य ग्रह व राशि की स्थिति के अनुसार)। स्त्री के पंचम भाव में मंगल प्रथम प्रसव में पीड़ा,

रक्तस्राव (ऑपरेशन) को प्रदर्शित करता है।

सामान्य चरित्र : क्रोध, अविवेकपूर्ण जल्दबाजी, सैनिक या पुलिस बल का मुखिया–यह मंगल का सामान्य चरित्र है। मंगल का चरित्र व्यक्ति विशेष की जन्म कुंडली के अनुसार ही बताना उचित होगा, क्योंकि शुभ स्थिति होने पर क्रोध पर विवेक का नियंत्रण होता है। इसके फलस्वरूप एक अच्छे शासक का निर्माण होगा। इसके विपरीत अशुभ दृष्टि होने पर वह व्यक्ति केवल क्रोध व शारीरिक दुर्घटनाओं में ही फँसा रहेगा। अतः मंगल के विषय में कोई भी निर्णय संपूर्ण जन्म कुंडली की स्थिति को देखने के बगैर नहीं किया जाना चाहिए।

रत्न : मंगल का रत्न मूँगा है। मंगलवार को प्रभावित व्यक्ति के द्वारा मूँगा जड़ित अँगूठी दाएँ हाथ की तीसरी अँगुली में धारण करनी चाहिए।

विभिन्न भावों में मंगल की स्थिति का प्रभाव

प्रथम भाव में मंगल : आत्मविश्वास, साहस, उद्यमी, हिंसक, अविवेकपूर्ण, तेजी, सिर में चोट लगने की आशंका।

द्वितीय भाव में मंगल : कड़े परिश्रम से अच्छी आय, असहिष्णु, वार्त्तालाप में पटु। दाईं आँख कमजोर।

तृतीय भाव में मंगल : भाई–बहनों के लिए अशुभ, दाएँ कान में कष्ट, साहसी, राजकीय सहायता।

चतुर्थ भाव में मंगल : माँ के लिए अशुभ, वाहन व अचल संपत्ति से कठिनाई, राजनीति में रुचि। स्वगृही व शुभ दृष्टिगत मंगल होने पर अशुभ भाव कम होगा।

पंचम भाव में मंगल : कफ संबंधी कष्ट, पाचन में कष्ट, स्त्री के पंचम

भाव में मंगल प्रथम प्रसव में अत्यंत पीड़ा व रक्तस्राव (ऑपरेशन) का द्योतक है।

षष्ठम भाव में मंगल : शत्रु पर विजय, अच्छा पाचन, दुर्घटना से शारीरिक कष्ट, राजनीति में सफलता।

सप्तम भाव में मंगल : वैवाहिक जीवन में कष्ट, शत्रु से कष्ट, बुद्धिमान, जिद्दी।

अष्टम भाव में मंगल : अशुभ स्थिति होने पर आयु में कमी, वैवाहिक जीवन में कष्ट, दुर्घटना की आशंका।

नवम भाव में मंगल : प्रशासक, समृद्ध, क्रूर, हिंसक, परिवार के लिए शुभ।

दशम भाव में मंगल : सत्ता–सुख, कुशल व क्रूर प्रशासक, सुदृढ़ आर्थिक स्थिति, प्रशंसा सुनकर हर्षित होनेवाला।

एकादश भाव में मंगल : कठोर शासक, चतुर, लालची, अचल संपत्ति प्राप्त होना, वाहन सुख, राजकीय सहायता।

द्वादश भाव में मंगल : कमजोर आँखें, अशुभ स्थिति होने पर निरुद्ध होने की आशंका (कारागार या अस्पताल में)।

बुध : सूर्य का सबसे निकटवर्ती ग्रह बुध है (बुध के बाद शुक्र व उसके बाद पृथ्वी का परिपथ होता है)। बुध की सूर्य से कोणीय दूरी 28 अंश से अधिक नहीं होती है। अतः एक भाव में आगे कुंडली में बुध सूर्य के साथ या एक भाव पीछे या एक भाव आगे स्थित होगा, इससे अधिक दूरी पर नहीं होगा। बुध मुख्यतः बुद्धि का ग्रह है। गणितज्ञ, भौतिक विज्ञानी, इंजीनियर आदि की जन्म कुंडली में बुध की शुभ स्थिति अवश्य होगी। बुध का चरित्र परिवर्तनशील है। अतः शुभ ग्रहों के साथ स्थित होने पर बुध शुभ ग्रह का चरित्र रखता है।

पाप ग्रहों के साथ स्थित होने पर या कुदृष्टि होने पर बुध शुभ ग्रह का चरित्र नहीं रखता है। बुध के शरीर की कांति नवीन दूर्वा (चमकीला हरा रंग) के समान होती है। बुध में वात, पित्त व कफ त्रिदोषों का सम्मिश्रण होता है। यह रोगकारक भी होता है। बुध स्नायुमंडल (नर्वस सिस्टम) से भी संबंध रखता है। यह अति विद्वान्, सत्यवादी, रजोगुण प्रधान व हास्यप्रिय है। बुध त्वचाप्रधान है। मिथुन तथा कन्या राशि का स्वामी बुध है। बुध कन्या राशि में उच्च एवं मीन राशि में नीच हो जाता है।

शारीरिक गठन : लंबा, छरहरा शरीर, लंबे हाथ, काले बाल, भाव प्रकट करती आँखें, पतली आवाज, तेज चाल।

सामान्य चरित्र : बुद्धि का प्रतीक बुध शुभ दशा में होने पर व्यक्ति विद्वान्, बुद्धिमान, तार्किक व विश्लेषण–क्षमतावान् होगा। किसी भी विवाद–बिंदु को वह शीघ्र स्पष्ट समझ सकता है। गणित के गूढ़ समीकरणों को शीघ्र समझ सकेगा; परंतु अस्थिरतायुक्त होने के कारण वह एक कार्य को पूर्ण करने के पूर्व ही दूसरा कार्य शुरू कर देगा। बातचीत में वह अपने दृष्टिकोण को दृढ़तापूर्वक रखना चाहेगा तथा दूसरे के दृष्टिकोण को समझने का प्रयास नहीं करेगा। कुछ हद तक व्यक्ति मुँहफट होगा। हाथ–पैरों पर नीली नसें स्पष्ट दिखाई देंगी। यह व्यक्ति सदैव सक्रिय होगा तथा थोड़ी दूरी की यात्राओं में आनंद लेगा। इसकी चाल तेज होगी।

स्वास्थ्य पर प्रभाव : बुध में वात, पित्त व कफ–त्रिदोष होने के कारण तथा त्वचा का प्रतीक होने के कारण संबंधित रोगों का कारण भी है। षष्ठम भाव का बुध से संबंध होने की दशा में तथा बुध की महादशा या अंतर्दशा में वात, पित्त व कफ संबंधी व त्वचा संबंधी रोग की आशंका रहेगी। आयु पूर्ण होने के पूर्व यह रोग लंबी चलनेवाली व कष्ट देनेवाली बीमारी के रूप में होगा।

रत्न : बुध के कष्ट निवारण हेतु पन्ना रत्न (5.5 रत्ती से अधिक), दाएँ हाथ की छोटी अँगुली में बुधवार को धारण करें।

विभिन्न भावों में बुध की स्थिति का प्रभाव

प्रथम भाव में बुध : नम्र, शांतिप्रिय, हाजिरजवाब, बुद्धिमान, अध्ययन में रुचि।

द्वितीय भाव में बुध : धनार्जन की क्षमता, सुसंस्कृत, धर्म व दर्शन शास्त्र में रुचि, जनहित व शुभ कार्यों में व्यय की रुचि।

तृतीय भाव में बुध : साहसी, चालाक, बुद्धिमान, अध्ययन में रुचि, कार्य प्रारंभ होने पर अंत तक पूर्ण करने का प्रयास; भाई–बहनों के लिए शुभ, मित्र व संबंधियों का प्रिय।

चतुर्थ भाव में बुध : कूटनीतिज्ञ, शासक की नीतियों का आलोचक, अचल संपत्ति व वाहन लाभ, संगीत व कला में रुचि, समाज में आदर, माँ के प्रति प्रेम।

पंचम भाव में बुध : बुद्धिमान, गणितज्ञ या इंजीनियर, क्रीड़ा में रुचि, संतान व मित्रों से सुख ।

षष्ठम भाव में बुध : आलस्य, कई शत्रु, रोगकारक, शीघ्र उत्तेजना तथा पाप–ग्रहों की दृष्टि होने पर मानसिक असंतुलन।

सप्तम भाव में बुध : सद्‌गुणयुक्त, गणित व ज्योतिष में विशेष रुचि, धार्मिक सद्‌गुणयुक्त पत्नी, पत्नी से आर्थिक स्थिति में सहायता।

अष्टम भाव में बुध : सद्‌गुणी, विनम्र, सुदृढ़ आर्थिक स्थिति, विद्वान्, राजकीय सहायता।

नवम भाव में बुध : उच्च शिक्षा में विशेष योग्यता, वैज्ञानिक दृष्टिकोण, विदेश यात्रा।

दशम भाव में बुध : कई विषयों में विद्वान्, सुसंस्कृत, राजकीय सेवा की संभावना, सत्यवादी।

एकादश भाव में बुध : सांसारिक सुख की लिप्सा, सुदृढ़ आर्थिक स्थिति, अचल संपत्ति का सुख।

द्वादश भाव में मंगल : स्वार्थी, निर्दय, दुर्बल शरीर।

बृहस्पति : बृहस्पति पृथ्वी के आकार से दस गुना बड़ा है तथा सूर्य से अत्यधिक दूरी पर स्थित है, फिर भी अपनी चमक के कारण यह अमावस्या की रात्रि में आकाश में नंगी आँखों से ही देखा जा सकता है। मंगल व शुक्र के बाद यह सबसे चमकीला ग्रह है। अपने परिपथ में सूर्य की एक परिक्रमा लगभग बारह वर्षों में पूर्ण करता है। आपको ज्ञात है कि सूर्य के आस–पास गोल परिपथ में प्रत्येक 30 अंश की दूरी पर बारह राशियाँ मानी गई हैं। अतः स्पष्ट है कि बृहस्पति एक राशि में लगभग एक वर्ष के लिए रहता है। बृहस्पति ज्ञान का प्रतीक है। बृहस्पति के अन्य गुण हैं—न्यायप्रिय, अनुशासनप्रिय, कर्तव्यनिष्ठ, सत्यवादी, क्रीड़ा–प्रेमी, धार्मिक व दार्शनिक होना। यह लंबोदर, कफ–प्रकृति, सत्त्वगुणी, प्रसन्न व गुणवान् है। धनु व मीन राशि का स्वामी बृहस्पति है। बृहस्पति कर्क राशि में उच्च तथा मकर राशि में नीच हो जाता है।

शारीरिक गठन : सुगठित व स्थूल शरीर, पेट निकला हुआ, मजबूत हड्डी व मांसपेशियाँ।

सामान्य चरित्र : अध्ययन व ज्ञानार्जनयुक्त यह ग्रह अत्यंत शुभ है। बुध भी मूल रूप से शुभ ग्रह है। इसका चरित्र पाप ग्रह के साथ होने पर या पाप ग्रह की दृष्टि होने पर परिवर्तित हो जाता है, परंतु बृहस्पति अपना शुभ चरित्र अशुभ ग्रहों की दृष्टि होने पर भी पूर्णतः नहीं खोता है तथा अपनी शुभता कुछ–न–कुछ बनाए रखता है। यह परिश्रम से खेलनेवाले खेलों (आउटडोर गेम) में रुचि रखता है। यह

न्याय–प्रेमी व न्यायिक कार्यों को करनेवाला है तथा देवताओं का गुरु है। यह धर्म में निष्ठा रखनेवाला तथा बड़ों का आदर करनेवाला है। यह राजकीय सहायता का भी द्योतक है। यह यात्रा–प्रेमी भी है।

स्वास्थ्य पर प्रभाव : स्वास्थ्य के लिए बृहस्पति प्रतिकूल होने पर यकृत (लीवर) संबंधी रोग, पीलिया, हार्निया आदि की आशंका रहती है।

रत्न : बृहस्पति का रत्न हलका पीला पुखराज है। प्रशासकीय कार्य के लिए पुखराज अत्यंत सहायक है। 5.5 रत्ती से अधिक का पुखराज सोने की अँगूठी में बृहस्पतिवार को तर्जनी उँगली में पहनना चाहिए।

विभिन्न भावों में स्थित बृहस्पति का प्रभाव

प्रथम भाव में बृहस्पति : चुंबकीय व्यक्तित्व, शोभावान्, सत्कर्म करनेवाला, ज्ञानी, प्रशासक, दूसरों की सहायता में तत्पर।

द्वितीय भाव में बृहस्पति : सुंदर, प्रसिद्ध, सुदृढ़ आर्थिक स्थिति, कुशल वक्ता व लेखक, उत्तम भोजन करनेवाला।

तृतीय भाव में बृहस्पति : दार्शनिक, भाई के प्रति विशेष प्रेम, कंजूस, परिवार के प्रति प्यार में कमी।

चतुर्थ भाव में बृहस्पति : सुख–समृद्धि, अचल संपत्ति, माता, पत्नी, संतान आदि का सुख प्राप्त होगा।

पंचम भाव में बृहस्पति : बुद्धिमान, शासक का मित्र या मंत्री, शिक्षा क्षेत्र में अच्छे परिणाम, अच्छे मित्र, वाहन–सुख, संतान–सुख।

षष्ठम भाव में बृहस्पति : शत्रुओं पर विजय, आलसी; अनादर सहन करना पड़ सकता है, संगीत–प्रेमी।

सप्तम भाव में बृहस्पति : विनम्र, कवि–हृदय, सफल पारिवारिक जीवन, उदार, संतान–सुख।

अष्टम भाव में बृहस्पति : दीर्घायु, कष्ट में वृद्धि, निम्न स्तर का कार्य करनेवाला, आलसी, समृद्धि की कमी।

नवम भाव में बृहस्पति : सुप्रसिद्ध विद्वान्, बड़ों का आदर करनेवाला, धार्मिक, शासक, शुभ कार्य में तत्पर, अध्यापन हेतु विदेश–यात्रा।

दशम भाव में बृहस्पति : शासन में उच्च स्थान, अचल संपत्ति तथा वाहन का सुख, उच्च नैतिकता, सिद्धांतप्रिय, यशस्वी।

एकादश भाव में बृहस्पति : अच्छा स्वास्थ्य, दीर्घ जीवन, कम संतान, सुप्रसिद्ध, संपत्ति व वाहन–सुख, संगीत–प्रेमी।

द्वादश भाव में बृहस्पति : आलसी, संतानहीन, सेवक, क्रोधी, दुष्ट हृदय।

शुक्र : शुक्र आकाश में अपनी तेज चमक के लिए प्रसिद्ध है। यह कुछ माह सूर्यास्त के बाद सायंकाल व कुछ माह सूर्योदय के पूर्व प्रातःकाल स्पष्ट दिखाई देता है। दूरी में यह मंगल व पृथ्वी के बीच स्थित है। सूर्य से शुक्र की कोणीय दूरी 48 डिग्री है। अतः जन्म कुंडली में शुक्र सूर्य के साथवाले भाव में या उससे अधिकतम दो भाव पीछे या दो भाव आगे स्थित हो सकता है, इससे अधिक दूरी पर नहीं जा सकता। यदि किसी कुंडली में सूर्य चतुर्थ भाव में है तो शुक्र द्वितीय, तृतीय, चतुर्थ, पंचम व षष्ठम भाव के अतिरिक्त किसी अन्य भाव में नहीं जाएगा। शुक्र सुख, सुंदरता, प्यार, संगीत व रति का प्रतीक है। यह स्त्री, गृह, सुहाने नेत्र, सुखी, बलवान, सुंदर कांति, समृद्धि से पूर्ण, नीले रंग से चिह्नित, रजोगुणी, कफ–प्रधान, खट्टे रस का प्रतीक है। वृष व तुला राशि का स्वामी शुक्र है। शुक्र मीन राशि में उच्च तथा कन्या राशि में नीच हो जाता है।

शारीरिक गठन : औसत ऊँचाई, स्थूल शरीर, सुंदर आँखें, मधुर आवाज, घुँघराले बाल।

सामान्य चरित्र : सुखपूर्वक कुछ सीमा तक विलासपूर्ण रहन–सहन शुक्र की देन है। शुक्र की प्रधानता होने पर व्यक्ति में संगीत, सुगंध व कला के प्रति प्रेम होता है। निवास–कक्ष को सुव्यवस्थित व सुंदर रंगों से सजाना चाहेगा। स्वयं भी आधुनिक वस्त्र पहनना चाहेगा। अच्छे संगीतज्ञ व कलाकार की लग्न तालिका में शुक्र की शुभ स्थिति में उपस्थिति स्पष्ट लक्षित होगी। विपरीत लिंग के सुंदर व्यक्ति के लिए विशेष आकर्षण शुक्र की कलात्मक अभिरुचि का ही प्रभाव है। ऐसे व्यक्ति को अच्छे आधुनिक वाहन चलाने के प्रति रुचि होती है।

स्वास्थ्य पर प्रभाव : स्वास्थ्य पर शुक्र का प्रमुख प्रभाव सर्दी के प्रति शरीर की प्रतिरोधक क्षमता कम करना है। अतः प्रभावित व्यक्ति श्वास संबंधी रोग, जुकाम व टॉन्सिल आदि से पीड़ित रहता है। यही कारण है कि कलाकार व संगीतज्ञ आदि पर सर्दी का प्रभाव जल्दी होता है। जननांग संबंधी रोग की भी आशंका रहेगी।

रत्न : शुक्र का रत्न हीरा है। इसे सुविधानुसार अँगूठी में शुक्रवार को धारण किया जा सकता है।

विभिन्न भावों में शुक्र की स्थिति का प्रभाव

प्रथम भाव में शुक्र : प्रसन्नता व भौतिक सुख, संगीत, कला, अभिनय व सुगंध–प्रेमी। विपरीत लिंग के व्यक्तित्व का आकर्षण, राजकीय सहायता।

द्वितीय भाव में शुक्र : बड़ा परिवार, आर्थिक समृद्धि, वाहन सुख, सुस्वादु भोजन–प्रेमी, सुखी पारिवारिक जीवन।

तृतीय भाव में शुक्र : कमजोर स्वास्थ्य, आर्थिक स्थिति सामान्य, कंजूस, बहन के लिए शुभ।

चतुर्थ भाव में शुक्र : अचल संपत्ति व वाहन–सुख, अच्छे मित्र, माँ के

प्रति विशेष लगाव, संगीत–प्रेमी व धार्मिक।

पंचम भाव में शुक्र : कवि हृदय, परिवार से प्रसन्नता, वाहन सुख, शासन से सम्मान, संतान सुख।

छष्ठम भाव में शुक्र : शत्रु पर विजय, जुकाम व श्वास संबंधी रोग।

सप्तम भाव में शुक्र : कई कलाओं का ज्ञाता, विपरीत लिंग के प्रति विशेष आकर्षण, सुख व सुविधापूर्ण जीवन के प्रति रुचि।

अष्टम भाव में शुक्र : आर्थिक समृद्धि के लिए शुभ स्थिति, राजकीय सम्मान, माँ के लिए अशुभ, प्रारंभिक जीवन में भावात्मक क्लेश।

नवम भाव में शुक्र : भाग्यशाली, यश प्राप्ति, धार्मिक, पारिवारिक सुख।

दशम भाव में शुक्र : संगीत, अभिनय व कला में विशेष रुचि, भाग्यशाली, सम्मानित, अचल संपत्ति के लिए शुभ, सुखी पारिवारिक जीवन।

एकादश भाव में शुक्र : भ्रमणशील, विभिन्न भौतिक सुख–प्राप्ति, धार्मिक, संगीत–प्रेमी, विपरीत लिंग के प्रति आकर्षण।

द्वादश भाव में शुक्र : निवास–कक्ष विलासितापूर्ण रखने का अभिलाषी, नम्रता में कमी।

शनि : सूर्य पुत्र शनि धीमी गति से चलनेवाला ग्रह है। इसे सूर्य की एक परिक्रमा पूर्ण करने में तीस वर्ष से कुछ कम समय लगाता है। अतः यह एक राशि में लगभग ढाई वर्ष तक रहता है। यह आयु को निर्धारित करता है। यह मकर व कुंभ राशि का स्वामी है। यह तुला राशि में उच्च व मेष राशि में नीच होता है। यह विप्लव का प्रतीक है; परंतु इसके विषय में यह भी कहा गया है कि यह विलंब करता है, परंतु पूर्ण इनकार नहीं करता है—अर्थात् संबंधित भाव का कार्य कुछ

बाधा के बाद पूर्ण कराता है। आलस्य, समय–पालन न करना, कंजूसी आदि अवगुणों के साथ ही यह धर्म भी प्रदान करता है। यह ग्रह वायु, प्राकृतिक, संध्याबली, वात–पित्त–कफ त्रिदोषयुक्त, कसैले रस का स्वामी, वृद्ध, कद में लंबा व नील वर्ण है। यह पाप ग्रह है तथा क्रूर और दुष्ट स्वभाव, असत्य भाषण व दुबले शरीरवाला भी है।

शारीरिक गठन : प्रथम भाव पर शनि का प्रभाव होने से व्यक्ति कृष्ण वर्ण, दुबले शरीर व बालों की प्रधानतावाला होता है। मूँछ व दाढ़ी रखने की भी इच्छा रखता है। आँखों में गहराई का आभास व पीलापन होगा।

सामान्य चरित्र : शनि की धीमी गति के कारण इससे प्रभावित व्यक्ति में समय–पालन न होना तथा आलस्य पाया जाता है; परंतु शनि की शुभ स्थिति बन जाने पर यही अवगुण धैर्य के गुण को विकसित कर कुशल प्रशासक व राजनेता भी बना सकता है। शनि को सदैव पाप ग्रह व दुष्ट प्रकृति के रूप में ही नहीं देखा जाना चाहिए। शनि की पूर्ण स्थिति व अन्य ग्रहों की दृष्टि के आधार पर ही निर्णय लिया जा सकता है। शनि यद्यपि मारक भी है, परंतु अष्टम भाव में उपस्थित शनि व्यक्ति को दीर्घायु करता है। शुभ स्थिति में शनि मस्तिष्क को किसी बिंदु पर केंद्रित करने में तथा ध्यान योग में सहायक है। सामान्यतः ऐसा व्यक्ति निर्धारित समय पर किसी स्थान पर पहुँचने में विलंब करता है, परंतु स्वयं उस विलंब के लिए चिंतित नहीं होता है। शनि निराशा भी देता है। अतः बुध या चंद्र पर शनि की दृष्टि व्यक्ति को निराशावादी बनाती है। कमजोर चंद्र पर शनि की कुदृष्टि आत्महत्या की मनोदशा उत्पन्न करती है।

स्वास्थ्य पर प्रभाव : स्वास्थ्य पर शनि का कुप्रभाव होने पर लंबी चलनेवाली बीमारी होती है। शनि व मंगल के सम्मिलित प्रभाव से दुर्घटना, घायल होना, अंग–भंग आदि संभव। शनि के प्रभाव से

त्वचा संबंधी रोग, पथरी रोग, कान में रोग, श्वास संबंधी रोग भी संभव हैं।

रत्न : शनि का रत्न नीलम है, परंतु शनि शुभ होने पर ही नीलम उसकी शक्ति बढ़ाता है। अशुभ स्थिति में नीलम शनि को सबल बनाएगा, जिससे बाधाएँ बढ़ेंगी। सामान्यतः दाएँ हाथ की मध्यमा अँगुली में शनिवार को लोहे का छल्ला ही पहनना पर्याप्त है।

विभिन्न भावों में शनि की स्थिति का प्रभाव

प्रथम भाव में शनि : तुला, मकर या कुंभ राशि में प्रथम भाव में शनि अत्यंत भाग्यशाली, सुख–समृद्धि कारक है तथा राजकीय सेवा का अवसर देता है। अन्य राशियों में होने पर दुबला शरीर, विलंब की प्रवृत्ति के साथ ही आत्मविश्वास प्रदान करता है। किसी लक्ष्य की प्राप्ति में विलंब होगा, परंतु आखिरकार सफलता मिलेगी।

द्वितीय भाव में शनि : द्वितीय भाव में तुला, मकर या कुंभ राशि में स्थित शनि आर्थिक स्थिति सुदृढ़ करता है। अन्य राशियों में स्थित होने पर कठिन परिश्रम से कम आय देता है; परंतु व्यक्ति युवावस्था के बाद घर से दूर रहकर धन कमाता है।

तृतीय भाव में शनि : साहसी, उदार, बुद्धिमान, शासन में उच्च पद, आर्थिक स्थिति के लिए शुभ, निराशा की प्रवृत्ति।

चतुर्थ भाव में शनि : बचपन में बीमारी/माँ, अचल संपत्ति व वाहन के लिए अशुभ स्थिति, आलसी।

पंचम भाव में शनि : शठ, दुष्ट बुद्धि, अस्थिर प्रारंभिक शिक्षा या माध्यमिक शिक्षा में व्यवधान। संतान, ज्ञान, धन व पारिवारिक सुख में कमी।

षष्ठम भाव में शनि : साहसी, शत्रुओं पर विजय, अधिक भोजन

करनेवाला। लंबी चलनेवाली, परंतु कम कष्टवाली बीमारी अन्यथा स्वास्थ्य सामान्य।

सप्तम भाव में शनि : पारिवारिक जीवन में कठिनाई, कमजोर पाचनतंत्र, कूटनीतिज्ञ, विदेश यात्रा।

अष्टम भाव में शनि : दीर्घायु, आलस्य, दुर्बल शरीर, कर्तव्यनिष्ठ, श्वास संबंधी बीमारी, कम संतान।

नवम भाव में शनि : शनि बलवान् होने पर धार्मिक क्षेत्र में उच्च आदर पाएगा, परंतु प्रतिकूल स्थिति होने पर भाग्य में कमी, अधर्मी व बड़ों का आदर न करनेवाला होगा।

दशम भाव में शनि : शासन में उच्च स्थान, सुप्रसिद्ध, कृषि कार्य में निपुण। गरीब व निर्बल व्यक्तियों की सहायता हेतु तत्पर, धार्मिक स्थानों की यात्रा।

एकादश भाव में शनि : भाग्यशाली, सुदृढ़ आर्थिक स्थिति, सुखी परिवार, शासन सहायक, अनेक सेवकों का स्वामी।

द्वादश भाव में शनि : निराशावादी, भाग्य व धन में कमी, शत्रुओं में वृद्धि।

राहु और केतु

राहु और केतु अन्य ग्रहों की भाँति भौतिक रूप से किसी पिंड के रूप में नहीं हैं, ये केवल छाया ग्रह के रूप में होते हैं। राहु–केतु की छाया ग्रह के रूप में स्थिति इस प्रकार है कि इन छाया ग्रहों के 5^0 से कम दूरी पर आते ही सूर्य/चंद्रग्रहण–ग्रस्त हो जाते हैं। पृथ्वी से देखने पर सूर्य व चंद्र जिन परिपथ पर घूमते हैं वे परिपथ दो बिंदुओं पर आपस में कटते हैं। इस प्रकार सूर्य व चंद्र के परिपथ जिन दो बिंदुओं पर आपस में कटते हैं, वे आपस में 180^0 की दूरी पर हैं। इन दोनों बिंदुओं में से जो बिंदु चंद्रमा के दक्षिण से उत्तर

जाते समय बनता है, उस कटान–बिंदु को 'राहु' कहा जाता है तथा दूसरी ओर चंद्रमा के उत्तर से दक्षिण जाते समय जो कटान–बिंदु बनता है, उसे 'केतु' कहा जाता है।

सूर्य व चंद्र उच्च कटान–बिंदु के समीप होते हैं तो अमावस्या पर सूर्य व पृथ्वी के बीच चंद्रमा होने पर सूर्य का प्रकाश पृथ्वी पर आने से रोकेगा। इसी स्थिति को 'सूर्यग्रहण' कहा जाता है। इसी प्रकार पूर्णमासी को यदि चंद्रमा उक्त कटान–बिंदु के समीप से गुजरेगा तो पृथ्वी की छाया चंद्रमा पर पड़ेगी तथा चंद्रग्रहण की स्थिति उत्पन्न होगी। इसके आधार पर भी राहु व केतु के द्वारा सूर्य व चंद्र के साथ शत्रुता स्पष्ट होती है। राहु व केतु के बीच 180^0 कोणीय दूरी होती है, अतः यदि राहु प्रथम भाव में है तो केतु सप्तम भाव में होगा। इसी प्रकार यदि राहु द्वितीय भाव में है तो केतु अष्टम भाव में होगा। राहु व केतु सामान्यतः पाप ग्रह का ही चरित्र रखते हैं। सामान्यतः राहु का चरित्र चोर के रूप में अर्थात् अंदर से बुरी भावना रखकर कार्य करनेवाला तथा केतु का चरित्र कुत्ते के समान दूसरे की वस्तु छीन लेनेवाली होती है; परंतु इसे अक्षरशः नहीं लेना चाहिए, जन्म कुंडली की पूर्ण स्थिति पर विचार करते समय इसे मस्तिष्क में रखना चाहिए। राहु व केतु का अपना कोई भौतिक रूप या आकार नहीं होता है। राहु व केतु किसी राशि के स्वामी नहीं होते हैं। कुछ विद्वान् राहु को शनि की प्रकृति का मानते रहे हैं, परंतु सामान्यतः राहु–केतु का चरित्र निम्नलिखित बिंदुओं के अनुसार निर्धारित होगा—

1. राहु व केतु जिस भाव में स्थित हैं उस भाव में इनके साथ अन्य जो ग्रह स्थित हैं, उनका ही चरित्र राहु व केतु प्राप्त कर लेते हैं।
2. यदि राहु व केतु के साथ अन्य ग्रह नहीं हैं तो जिस अन्य ग्रह की दृष्टि इनपर पड़ रही होगी उस ग्रह का चरित्र राहु–केतु प्राप्त कर लेते हैं।
3. यदि राहु व केतु किसी ग्रह के साथ नहीं हैं तथा किसी अन्य

ग्रह की दृष्टि भी उनपर नहीं पड़ रही है तो ऐसी दशा में राहु व केतु जिस राशि में स्थित हैं उस राशि के स्वामी का चरित्र राहु व केतु ग्रहण करते हैं।

राहु व केतु यद्यपि उपर्युक्तानुसार विभिन्न ग्रहों का चरित्र ग्रहण करते हैं, परंतु साथ ही विभिन्न भावों में उनकी स्थिति का विशेष प्रभाव होता है, जिसका विवरण नीचे दिया जा रहा है।

विभिन्न भावों में राहु की स्थिति का प्रभाव

प्रथम भाव में राहु : दूसरे के साथ व्यवहार में विशेष संवेदनशील व सचेत, कमजोर शरीर, दाँत में रोग।

द्वितीय भाव में राहु : कपटपूर्ण बातें करनेवाला, धन संचय की प्रवृत्ति, आँखें कमजोर।

तृतीय भाव में राहु : शत्रु पर विजय, धनी, दीर्घायु, दृढ़ बुद्धिवाला, भाई के लिए अशुभ।

चतुर्थ भाव में राहु : सुख में कमी, कूटनीतिज्ञ, दूसरों पर संदेह करनेवाला, यात्राओं के प्रति रुचि।

पंचम भाव में राहु : संतान के लिए अशुभ, कठोर हृदय, पेट के नीचे के भाग में रोग, नाक से बोलनेवाला, हृदय रोग की आशंका।

षष्ठम भाव में राहु : शत्रु प्रभावित करेंगे, धनी, दीर्घायु, लंबी चलनेवाली बाधा तथा कम कष्ट देनेवाली बीमारी जिसमें गैर–परंपरागत उपचार से लाभ होगा।

सप्तम भाव में राहु : पारिवारिक जीवन के लिए अशुभ, पति/पत्नी अस्वस्थ, स्वतंत्र विचार, अच्छे भोजन का अभिलाषी।

अष्टम भाव में राहु : आयु में कमी, वात रोग, चिंतित, सम्मान में कमी।

नवम भाव में राहु : अधार्मिक, पिता के लिए अशुभ, धनवान्।

दशम भाव में राहु : विख्यात, व्यापार में रुचि, काव्य में रुचि, अपने से अधिक आयु के स्त्री/पुरुष से संबंध।

एकादश भाव में राहु : भाग्यशाली, प्रसन्न, शासन की सहायता, धनवान्, कान का रोग।

द्वादश भाव में राहु : आँख का रोग, संतान में कमी, पैरों में दर्द, भाग्य में कमी, दूसरों की सहायता हेतु तत्पर।

विभिन्न भावों में केतु की स्थिति का प्रभाव

प्रथम भाव में केतु : कृतघ्न, सुखहीन, असज्जनों का साथ, शरीर के किसी अंग में विकलता।

द्वितीय भाव में केतु : धन–संचय की प्रवृत्ति, परंतु आर्थिक स्थिति सुदृढ़ नहीं, अकुशल वक्ता, मुँह में रोग, अध्यात्म में रुचि।

तृतीय भाव में केतु : दीर्घायु, बलवान्, सफल, धनवान्, कृषि कार्य में रुचि, भाई के लिए अशुभ।

चतुर्थ भाव में केतु : माँ के लिए अशुभ, अचल संपत्ति की हानि, घर से दूर निवास।

पंचम भाव में केतु : संतान के लिए अशुभ, दुर्बुद्धि, अज्ञात कठिनाइयाँ, उदर रोग, प्रौढ़ावस्था में आध्यात्मिक।

षष्ठम भाव में केतु : शुभ स्थिति, शत्रुओं पर विजय, त्वरित बुद्धि, धनवान्।

सप्तम भाव में केतु : पारिवारिक जीवन में कष्ट, पति/पत्नी अस्वस्थ, धन में कमी, पेट के पिछले भाग में रोग।

अष्टम भाव में केतु : मिथुन, कन्या व वृश्चिक राशि होने पर वाहन

सुख, मेष व वृश्चिक राशि होने पर धनवान्, शस्त्र से चोट, लंबे समय तक चलनेवाली बीमारी।

नवम भाव में केतु : पाप प्रवृत्ति, अशुभ कर्म, भाग्य में कमी, पिता के लिए अशुभ, प्रदर्शन का स्वभाव।

दशम भाव में केतु : सत्कर्म में बाधा, कन्या राशि होने पर धनवान् तथा सुखी, कूटनीतिज्ञ।

एकादश भाव में केतु : धन–संचय की प्रवृत्ति, सट्टा आदि से धन प्राप्त, साहसी, सद्गुणी।

द्वादश भाव में केतु : भाग्य में कमी, दुष्ट कार्य की प्रवृत्ति, अशुभ कार्यों में व्यय, आँखें कमजोर, पैरों में दर्द।

□

अध्याय–5

बारह भावों का महत्त्व

अध्याय 3 में यह वर्णन किया जा चुका है कि कुंडली में बारह भाव होते हैं तथा उनकी क्रम संख्या घड़ी की सुइयों के चलने की दिशा से उलटी दिशा में चलती है। यह क्रम संख्या कुंडली में लिखी नहीं जाती है, बल्कि भाव की स्थिति से नियत मानी जाती है तथा किसी भी भाव में जो राशि स्थित है उस राशि की संख्या उस भाव में अंकित की जाती है। दक्षिण भारत में जो कुंडली बनाई जाती है उसमें राशि की क्रम संख्या स्थिर रहती है तथा जिस राशि में लग्न स्थित होती है उस भाव में 'लग्न' शब्द लिख दिया जाता है और इसे 'प्रथम भाव' समझकर वामावर्त्त द्वितीय–तृतीय आदि भावों को माना जाता है। प्रत्येक भाव शरीर के किसी विशेष अंग व मनुष्य के जीवन के किसी विशेष क्रिया–कलाप को प्रदर्शित करता है। जिस प्रकार हम जानते हैं कि मनुष्य के शरीर में छाती में अंदर फेफड़े होते हैं या पेट में दाईं ओर लीवर होता है। अतः इन अंगों में कष्ट होने पर एक्स–रे या अल्ट्रासाउंड द्वारा उस विशेष अंग की स्थिति की जानकारी प्राप्त की जाती है, उसी प्रकार जिस भाव से जो अंग या क्रिया–कलाप प्रदर्शित होता है उस भाव की स्थिति राशि, ग्रह के अनुसार जैसी होती है वैसी ही उस अंग या क्रिया–कलाप की स्थिति बताई जाएगी।

किसी भी भाव में जो राशि स्थित है उस राशि के स्वामी को ही उस भाव का स्वामी (भावेश) कहा जाता है। जैसे–यदि चतुर्थ भाव में मेष राशि है तो मेष राशि के स्वामी मंगल को 'चतुर्थेश' कहा जाएगा। विभिन्न भाव किन बातों को प्रदर्शित करते हैं तथा किसी भाव का भावेश अन्य जिस भाव में स्थित है, उसका क्या प्रभाव होगा, इन बातों का विवरण नीचे दिया जा रहा है–

प्रथम भाव : लग्न, शारीरिक गठन, सिर, रूप, ज्ञान, रंग, सामान्य स्वभाव, वर्तमान काल का विचार प्रथम भाव से करें। इन बातों के लिए प्रथम भाव पर मस्तिष्क केंद्रित करें।

उपर्युक्त बातों से स्पष्ट है कि किसी भी व्यक्ति की जन्म कुंडली का सबसे महत्त्वपूर्ण भाव उसका प्रथम भाव है। यदि प्रथम भाव सशक्त है तो अन्य किसी भाव की कमजोर स्थिति को भी वह व्यक्ति अपने परिश्रम व बुद्धि से दूर कर लेगा।

दूसरी ओर यदि प्रथम भाव बलशाली नहीं है तो अन्य कोई भाव सबल होने पर भी जीवनपर्यंत उसका शुभ–लाभ भाँति प्राप्त नहीं होगा, केवल उस भाव से संबंधित ग्रहों की दशा व अंतर्दशा में यथेष्ट लाभ होगा। जातक (जिस व्यक्ति की लग्न–कुंडली का अध्ययन किया जाना है उस व्यक्ति के लिए **'जातक'** शब्द का प्रयोग किया जाता है) के शरीर की संरचना तथा मानसिकता प्रथम भाव में स्थित राशि के अनुसार ही विचार की जानी चाहिए। विचार करते समय प्रथम भाव में स्थित ग्रह तथा अन्य ग्रह, जिनकी दृष्टि प्रथम भाव पर पड़ रही है, उसपर भी विचार किया जाना चाहिए। जातक की आंतरिक, शारीरिक व मानसिक शक्ति जीवनपर्यंत उसके जीवन को प्रभावित करती है। अतः प्रथम भाव की स्थिति संपूर्ण जीवन की सफलता–असफलता को एक सीमा तक प्रभावित करेगी।

प्रश्न कुंडली व राजनीति ज्योतिष में प्रथम भाव क्रमशः प्रश्नकर्ता व देशवासियों को प्रदर्शित करते हैं। इन विषयों का विस्तृत अध्ययन

इस पुस्तक का विषय नहीं है। प्रथम भाव में विभिन्न ग्रह स्थित होने पर उसका क्या प्रभाव होगा, उसका वर्णन ग्रहों से संबंधित अध्याय 5 में दिया जा चुका है। इसके अतिरिक्त लग्नेश (प्रथम भाव में स्थित राशि का स्वामी ग्रह) जिस भाव में स्थित होगा, उसके प्रभाव पर भी विचार आवश्यक है। लग्नेश के विभिन्न भावों में स्थित होने पर निम्नलिखित विवरण के अनुसार फल प्राप्त होगा—

लग्नेश प्रथम भाव में : प्रसन्नता, सुगठित शरीर, स्वतंत्र व्यक्तित्व, आत्मविश्वास से पूर्ण।

लग्नेश द्वितीय भाव में : सुदृढ़ आर्थिक स्थिति, सच्चरित्र, सहृदय, परिवार के प्रति कर्तव्यनिष्ठ, समाज में आदरपूर्ण स्थान।

लग्नेश तृतीय भाव में : बुद्धिमान, साहसी, भाग्यशाली, भाई से स्नेह।

लग्नेश चतुर्थ भाव में : माँ के प्रति समर्पित, अचल संपत्ति प्राप्त, सुंदर शरीर, सद्व्यवहार।

लग्नेश पंचम भाव में : प्रथम संतान के लिए अशुभ, क्रोधी, अधीनस्थ स्थिति।

लग्नेश षष्ठम भाव में : साहसी, स्वास्थ्य के लिए अशुभ, शत्रुओं से प्रभावित।

लग्नेश सप्तम भाव में : पत्नी/पति के लिए अशुभ, भ्रमणशील, प्रौढ़ावस्था में संन्यासी प्रवृत्ति।

लग्नेश अष्टम भाव में : ज्ञानी, जुआ खेलने में रुचि, दूषित हृदय, अलौकिक शक्ति में विश्वास।

लग्नेश नवम भाव में : भाग्यशाली, धार्मिक, पिता के प्रति समर्पित, प्रसन्न पारिवारिक जीवन, धनवान्।

लग्नेश दशम भाव में : व्यावसायिक सफलता, सम्मानित, शासन

सहायक, सद्व्यवहार, अचल संपत्ति।

लग्नेश एकादश भाव में : सुदृढ़ आर्थिक स्थिति, व्यापार में सफलता, सुप्रसिद्ध।

लग्नेश द्वादश भाव में : व्यय अधिक, कमजोर स्वास्थ्य, दूषित हृदय, व्यापार में असफलता।

द्वितीय भाव : आर्थिक स्थिति, धन, भोजन, दाईं आँख, वाणी, कुटुंब, पत्र लेखन—इन सब बातों पर विचार करना हो तो द्वितीय भाव को देखें। द्वितीय भाव मुख्यतः आर्थिक स्थिति को प्रदर्शित करता है। इसमें स्वर्जित धन ही प्रदर्शित होता है। अचल संपत्ति व उत्तराधिकार में प्राप्त संपत्ति का संबंध द्वितीय भाव से नहीं है। द्वितीय भाव की संपत्ति में शेयर, ब्रांड, बैंक में जमा धन सम्मिलित हैं।

द्वितीय भाव भोजन को भी प्रदर्शित करता है। अतः द्वितीय भाव में शुभ स्थिति होने पर जातक को सुस्वादु व अच्छा भोजन प्राप्त होगा। इसके अतिरिक्त द्वितीय भाव की शुभ स्थिति होने पर जातक का कुटुंब बड़ा होगा तथा वह अपने कुटुंब व परिजनों से घनिष्ठ संबंध रखेगा। इसके प्रतिकूल स्थिति होने पर उसके परिवार में कम सदस्य होंगे या वह अपने परिवार जनों से संबंध नहीं रखेगा।

द्वितीय भाव वाणी (बोलना) का भी भाव है। यदि द्वितीय भाव में मूक राशि (कर्क, वृश्चिक व मीन) के साथ केतु भी हो तो व्यक्ति हकलानेवाला होगा। यदि अन्य पाप ग्रह का भी प्रभाव हो तो गूँगा भी हो सकता है। द्वितीय भाव में मूक राशि न हो तथा शुभ ग्रह हों तो जातक की आवाज मधुर होती है।

द्वितीय भाव दाईं आँख का भी प्रतीक है। अतः द्वितीय भाव में क्रूर या अशुभ ग्रह होने पर जातक की दाईं आँख कमजोर होगी तथा कम आयु में ही चश्मा का प्रयोग करना पड़ सकता है। अन्य प्रतिकूल प्रभाव होने पर चोट लगने से दाईं आँख नष्ट भी हो सकती है।

राजनीतिक ज्योतिष में द्वितीय भाव से देश की आर्थिक स्थिति पर विचार किया जाता है। प्रश्न कुंडली में प्रश्नकर्ता की आर्थिक स्थिति संबंधी प्रश्न का उत्तर द्वितीय भाव से दिया जाता है। द्वितीय भाव को सामान्यतः 'धन भाव' कहते हैं। अतः द्वितीय भाव के स्वामी को 'धनेश' कहा जाता है। धनेश के विभिन्न भावों में स्थित होने का प्रभाव निम्नलिखित विवरण के अनुसार होता है—

धनेश प्रथम भाव में : धनवान्, परंतु अपने परिवार से कम लगाव, सहृदयता में कमी।

धनेश द्वितीय भाव में : घमंडी, धनवान्, द्वितीय विवाह।

धनेश तृतीय भाव में : साहसी, बुद्धिमान, सद्व्यवहार, परंतु सच्चरित्र नहीं, विलासितापूर्ण जीवन।

धनेश चतुर्थ भाव में : बुद्धिमान, वाहन व अचल संपत्ति के व्यापार में लाभ, अपने सुख के लिए व्यय, अन्यथा कंजूस।

धनेश पंचम भाव में : शुभ स्थिति होने पर लॉटरी आदि अवसर क्रीड़ा में लाभ, परिवार से लगाव नहीं, अशिष्ट व्यवहार।

धनेश षष्ठम भाव में : शुभ स्थिति होने पर शत्रुओं से आर्थिक लाभ, अन्यथा हानि; निचले पृष्ठ भाग व जाँघ में रोग।

धनेश सप्तम भाव में : नैतिकता में कमी, चिकित्सक के रूप में सफल, विलासिता पर व्यय।

धनेश अष्टम भाव में : पारिवारिक जीवन में कष्ट, अचल संपत्ति की प्राप्ति।

धनेश नवम भाव में : युक्तिपूर्ण, धनवान्, प्रसन्न, बचपन में अस्वस्थ, तत्पश्चात् स्वास्थ्य सामान्य।

धनेश दशम भाव में : सम्मानित, ज्ञानी, धनवान्, स्वार्जित धन।

धनेश एकादश भाव में : बचपन में अस्वस्थ, सुदृढ़ आर्थिक स्थिति, सहृदयता में कमी।

धनेश द्वादश भाव में : सम्मानित, राजकीय सेवा की संभावना।

तृतीय भाव : साहस, वीरता, दृढ़ता, दायाँ कान, छोटे भाई बहन, पौरुष, छोटी यात्राएँ आदि बातों को ज्ञात करने के लिए तृतीय भाव का अध्ययन करें।

तृतीय भाव मुख्यतः जातक के साहस, पौरुष व वीरोचित गुणों को प्रदर्शित करता है। इसी कारण प्रथम भाव के अध्ययन में वर्णित है कि लग्नेश यदि तृतीय भाव में स्थित होगा तो जातक को साहसी बनाएगा। छोटे भाई–बहन के संबंध में भी तृतीय भाव से निष्कर्ष प्राप्त किया जाता है। तृतीय भाव में क्रूर या पाप ग्रह अशुभ स्थिति में हो तो जातक का छोटा भाई–बहन नहीं होगा या यदि होगा तो उससे जातक के अच्छे संबंध नहीं होंगे।

इसके अतिरिक्त शरीर के अंगों में तृतीय भाव कान (विशेष रूप से दायाँ कान) की स्थिति प्रदर्शित करता है। अतः तृतीय भाव में अशुभ स्थिति में पाप ग्रह होने पर उसकी दशा/अंतर्दशा में कान में कष्ट संभावित होगा। राजनीतिक ज्योतिष में तृतीय भाव से पड़ोसी देश की स्थिति देखी जाती है। तृतीय भाव में विभिन्न ग्रहों के स्थित होने के प्रभाव का विवरण अध्याय 5 में दिया जा चुका है। तृतीय भावेश के विभिन्न भागों में स्थित होने पर जो परिणाम प्राप्त होंगे, उनका विवरण नीचे दिया जा रहा है–

तृतीयेश प्रथम भाव में : साहसी, स्वपरिश्रम से जीवन में प्रगति, स्वास्थ्य कमजोर।

तृतीयेश द्वितीय भाव में : असावधान, नैतिकता में कमी, प्रसन्नता में कमी।

तृतीयेश तृतीय भाव में : साहसी, धनवान्, प्रसन्नता, संतान व भाई–बहन

के लिए शुभ।

तृतीयेश चतुर्थ भाव में : प्रसन्नता में वृद्धि, धनवान्, ज्ञानी।

तृतीयेश पंचम भाव में : संतान से अप्रसन्नता, धनवान्, पारिवारिक जीवन में तनाव।

तृतीयेश षष्ठम भाव में : धनवान्, भाई व अन्य संबंधियों के अतिरिक्त नाना, मामा आदि के लिए भी अशुभ।

तृतीयेश सप्तम भाव में : बचपन में कष्ट, यात्रा से कष्ट, शासन से अप्रसन्नता, पारिवारिक जीवन के लिए अशुभ।

तृतीयेश अष्टम भाव में : गलत दोषारोपण में आरोपित, गंभीर रोग, अभाग्यशाली।

तृतीयेश नवम भाव में : विवाह के वाद भाग्योदय, पिता से संबंध में तनाव, लंबी यात्राएँ।

तृतीयेश दशम भाव में : बुद्धिमान व प्रसन्न, समृद्धि, पारिवारिक जीवन में तनाव।

तृतीयेश एकादश भाव में : बचपन में अस्वस्थ, दुबला शरीर, परिश्रम से धनार्जन।

तृतीयेश द्वादश भाव में : विवाह के बाद भाग्योदय, जीवन में उतार–चढ़ाव, संबंधियों से कष्ट।

चतुर्थ भाव : अचल संपत्ति, गृह, माता, वाहन, जल व विद्या के संबंध में विचार करना हो तो अपना ध्यान चतुर्थ भाव पर केंद्रित करें।

उपर्युक्त बातों से स्पष्ट है कि मातृ–सुख के साथ–साथ अन्य भौतिक सुखों के लिए भी चतुर्थ भाव अत्यंत महत्त्वपूर्ण है। अचल संपत्ति में निवास हेतु घर के अतिरिक्त कृषि योग्य भूमि भी सम्मिलित है। अतः अन्य अनुकूल स्थितियाँ होने पर चतुर्थ भाव से ही यह

बताया जा सकता है कि जातक अचल संपत्ति के क्रय–विक्रय का व्यापार करेगा या कृषि कार्य से आजीविका कमाएगा। चतुर्थ भाव में शुभ ग्रह होने पर भी यदि इसपर पाप ग्रह की दृष्टि पड़ रही है तो यह इस बात का द्योतक है कि जातक की अचल संपत्ति के संबंध में उसे कष्ट का सामना करना पड़ेगा। यह कष्ट मुकदमेबाजी के रूप में होगा या अन्य किसी के द्वारा कब्जा करने का होगा, इस बात की विवेचना संपूर्ण कुंडली के अध्ययन से ही स्पष्ट होगी।

वाहन–सुख प्राप्त होना चतुर्थ भाव से ही प्रदर्शित होता है। पुराने ग्रंथों में रथ की प्राप्ति का उल्लेख है। इसे आधुनिक समय में 'मोटर कार' समझना चाहिए। चतुर्थ भाव में शुक्र की उपस्थिति वाहन सुख का निश्चित संकेत है। कुछ विद्वान् प्रारंभिक शिक्षा का संबंध भी चतुर्थ भाव से ही बताते हैं, परंतु इस लेखक का अनुभव है कि चतुर्थ भाव विद्या ज्ञान का प्रतीक है; परंतु औपचारिक शिक्षा पंचम व नवम भाव से ही ज्ञात होती है।

राजनीतिक ज्योतिष में चतुर्थ भाव से देश की कृषि उपज, ख़निज संपत्ति आदि पर विचार किया जाता है। इसी प्रकार प्रश्न कुंडली में प्रश्नकर्ता के अचल संपत्ति संबंधी प्रश्न के उत्तर चतुर्थ भाव की स्थिति देखकर बनवाए जाते हैं। चतुर्थ भाव में विभिन्न ग्रहों की उपस्थिति का प्रभाव अध्याय 5 में स्पष्ट किया जा चुका है। चतुर्थ भावेश (चतुर्थेश) के विभिन्न भावों में उपस्थिति का प्रभाव नीचे दिया जा रहा है—

चतुर्थेश प्रथम भाव में : ज्ञानवान्, संपत्ति सुख, माँ से प्रभावित।

चतुर्थेश द्वितीय भाव में : भाग्यशाली, साहसी, प्रसन्नता, नाना से संपत्ति–प्राप्ति।

चतुर्थेश तृतीय भाव में : रोगी, दयालु, सच्चरित्र, स्व–परिश्रम से संपत्ति–अर्जन।

चतुर्थेश चतुर्थ भाव में : धार्मिक, पुरानी मान्यताओं में विश्वास, सच्चरित्र, संपत्ति अर्जन।

चतुर्थेश पंचम भाव में : धार्मिक, स्व–परिश्रम से धनार्जन, योग्य माता, वाहन सुख।

चतुर्थेश षष्ठम भाव में : माता के लिए अशुभ, क्रोध, कुविचार।

चतुर्थेश सप्तम भाव में : ज्ञानी, प्रसन्न, अचल संपत्ति प्राप्ति, सप्तम भाव में चर राशि होने पर जन्म–स्थान से दूर निवास।

चतुर्थेश अष्टम भाव में : पिता के लिए अशुभ, अचल संपत्ति के संबंध में कठिनाई।

चतुर्थेश नवम भाव में : प्रसन्न, धार्मिक, भाग्यशाली, पिता से प्रसन्नता, संपत्ति सुख।

चतुर्थेश दशम भाव में : राजनीतिक सफलता, रसायन शास्त्र का ज्ञाता, शत्रुओं पर विजय, सम्मानित।

चतुर्थेश एकादश भाव में : स्व–परिश्रम से संपत्ति अर्जन, माँ के लिए भाग्यशाली, अचल संपत्ति के व्यापार से लाभ।

चतुर्थेश द्वादश भाव में : माँ के लिए अशुभ, अचल संपत्ति व वाहन के संबंध में कठिनाई, अभाग्यशाली।

पंचम भाव : शासन से सम्मानित पद, मंत्री, माध्यमिक स्तर तक शिक्षा, प्रथम संतान, पेट, बुद्धि, शास्त्र ज्ञान।

प्राचीन ग्रंथों में पंचम भाव से बुद्धि का ज्ञान प्राप्त होना तो वर्णित है, परंतु शिक्षा के संबंध में कुछ विद्वान् चतुर्थ भाव को अधिक महत्त्व देते हैं; परंतु लेखक का यह अनुमान रहा है कि प्रारंभिक स्तर से माध्यमिक स्तर तक की शिक्षा पंचम भाव से ही प्रदर्शित होती है। पंचम भाव में शनि या राहु के उपस्थित होने पर जातक की प्रारंभिक

शिक्षा में किसी–न–किसी कारण से व्यवधान हो जाता है। यह भी अनुभव रहा है कि जालक बुद्धिमान है। फिर भी पंचम भाव में अशुभ ग्रह की उपस्थिति के कारण शिक्षा में व्यवधान हुआ है। इसका प्रत्यक्ष कारण अभिभावक के स्थानांतरण के कारण विद्यालय बदलना भी हो सकता है या स्वयं जातक का अस्वस्थ रहना भी हो सकता है। प्राचीन ग्रंथों में शास्त्र–ज्ञान पंचम भाव से होना कहा गया है। इसका कारण भी यही है कि प्राचीन काल में प्रारंभिक व माध्यमिक शिक्षा में शास्त्र–ज्ञान अवश्य कराया जाता है। लेखक के विचार से वर्तमान विद्यालयों के पाठ्यक्रम को देखते हुए शास्त्र–ज्ञान के संबंध में स्पष्ट स्थिति चतुर्थ व नवम भाव (धर्म संबंधी) दोनों को मिलाकर ही बताई जानी चाहिए।

स्त्री जातक के लिए पंचम भाव अत्यंत महत्त्वपूर्ण है, क्योंकि पंचम भाव में पाप ग्रह उपस्थित होने पर प्रथम प्रसव अत्यंत कष्टप्रद होगा तथा अन्य प्रतिकूल परिस्थिति होने पर ऑपरेशन की आशंका होगी और प्रथम संतान के जीवन के लिए भी प्रतिकूल परिस्थिति होगी।

पंचम भाव की स्थिति अनुकूल होने पर जातक शासन में उच्च स्थान; मंत्री पद भी प्राप्त कर सकता है। राजनीतिक ज्योतिष में पंचम भाव राजदूत की स्थिति बताता है। प्रश्न कुंडली में भी जातक के उपर्युक्त पंचम भाव से संबंधित प्रश्नों का उत्तर पंचम भाव को देखकर दिया जाता है। पंचम भाव में विभिन्न ग्रहों की स्थिति के प्रभाव का उल्लेख अध्याय 5 में किया जा चुका है। पंचम भाव के स्वामी पंचमेश के विभिन्न भावों में उपस्थित होने पर क्या प्रभाव होगा, इसका उल्लेख नीचे किया जा रहा है–

पंचमेश प्रथम भाव में : ज्ञानी, शासन में उच्च स्थान, शत्रुता, कम संतान, भाग्यशाली। पंचमेश निर्बल होने पर प्रतिकूल परिणाम।

पंचमेश द्वितीय भाव में : सुखी पारिवारिक जीवन, शासन से सम्मान, ज्ञानवान्। पंचमेश निर्बल होने पर प्रतिकूल परिणाम।

पंचमेश तृतीय भाव में : भाई तथा संतान के लिए शुभ। पंचमेश निर्बल होने पर प्रतिकूल परिणाम।

पंचमेश चतुर्थ भाव में : माँ तथा संतान के लिए शुभ, अचल संपत्ति की प्राप्ति। पंचमेश निर्बल होने पर प्रतिकूल परिणाम।

पंचमेश पंचम भाव में : संतान के लिए शुभ, प्रारंभिक शिक्षा से प्रत्यक्ष योग्यता, गणित में विशेष रुचि।

पंचमेश षष्ठम भाव में : मामा के लिए शुभ, संतान के लिए अशुभ।

पंचमेश सप्तम भाव में : समृद्धि, प्रसिद्धि, योग्य संतान, विदेश में संतान की प्रसिद्धि।

पंचमेश अष्टम भाव में : श्वसन व फेफड़े का रोग, पैतृक संपत्ति की हानि, आर्थिक स्थिति सामान्य।

पंचमेश नवम भाव में : कुशल अध्यापक, प्रथम संतान विद्वान्।

पंचमेश दशम भाव में : राजयोग, अचल संपत्ति प्राप्ति, सम्मानित, शासकीय पद, संतान के लिए भी शुभ।

पंचमेश एकादश भाव में : भाग्यशाली, धनवान्, विद्वान्, सहृदय, लेखन में रुचि।

पंचमेश द्वादश भाव में : आध्यात्मिक, भ्रमणशील, दार्शनिक।

षष्ठम भाव : ऋण, रोग, शत्रु, भय, चोर, घाव, पाप, दुष्कर्म, अपमान, मामा के संबंध में ज्ञान षष्ठम (छठे) भाव से प्राप्त होता है।

उपर्युक्त बातों से स्पष्ट है कि छठे भाव में उपस्थित ग्रह छठे भाव के स्वामी के साथ स्थित ग्रह तथा छठे भाव व उसके स्वामी पर दृष्टि डालनेवाले ग्रह रोग आदि के संबंध में महत्त्वपूर्ण सूचना देते हैं तथा इन्हीं ग्रहों की दशा व अंतर्दशा में रोग होने की आशंका रहेगी।

छठे भाव का स्वामी ग्रह जिस भाव में स्थित है उस भाव से संबंधित शरीर का अंग रोगी होने की आशंका होगी। छठे भाव में विभिन्न ग्रह स्थित होने पर उसका क्या प्रभाव होगा, इसका उल्लेख अध्याय 5 में किया जा चुका है, जिससे यह स्पष्ट है कि 'केतु' के छठे भाव में उपस्थित होने से शत्रुओं पर विजय होती है।

छठे भाव में सामान्यतः क्रूर व पाप ग्रह स्थित होने पर शत्रुओं पर विजय व अन्य शुभ परिणाम प्राप्त होते हैं। इसके विपरीत छठे भाव में शुभ ग्रह उपस्थित होने पर अशुभ परिणाम प्राप्त होते हैं। छठे भाव में शुभ ग्रह की उपस्थिति यद्यपि अन्य शुभ परिणाम नहीं देता है, परंतु ऋण की अदायगी समय से सुनिश्चित करता है, अर्थात् छठे भाव में शुभ व अशुभ ग्रह की उपस्थिति मिश्रित परिणाम देता है। शुभ ग्रह यदि रोग में वृद्धि करता है तो साथ ही जातक को ऋणग्रस्तता से बचाता है। इसी प्रकार अशुभ ग्रह यद्यपि संबंधित रोग का प्रभाव प्रकट करता है, किंतु साथ ही शत्रु पर विजय में सहायक भी होता है। अतः छठे भाव का अध्ययन अत्यंत सावधानी से कुंडली की संपूर्ण स्थिति को देखकर ही करना चाहिए।

छठे भाव का स्वामी (षष्ठेश) के विभिन्न भावों में स्थित होने पर निम्नलिखित विवरण के अनुसार परिणाम प्राप्त होंगे–

षष्ठेश प्रथम भाव में : सेना में कार्य करने की संभावना, रोगी शरीर, मामा से अच्छे संबंध।

षष्ठेश द्वितीय भाव में : आँखें कमजोर, असम्मान, दुःख, शत्रु से धन–हानि, द्वितीय भाव में मूक राशि होने पर वाणी प्रभावित।

षष्ठेश तृतीय भाव में : भाई के लिए अशुभ, क्रोधी, आलसी।

षष्ठेश चतुर्थ भाव में : माँ के लिए अशुभ, निजी–निवास गृह व अचल संपत्ति के संबंध में कठिनाई।

षष्ठेश पंचम भाव में : रोगी संतान, वित्तीय स्थिति में उतार–चढ़ाव,

मामा से लाभ।

षष्ठेश षष्ठम भाव में : मामा के लिए शुभ, कुटुंब जनों के साथ अप्रिय संबंध।

षष्ठेश सप्तम भाव में : पारिवारिक जीवन के लिए अशुभ, साहसी।

षष्ठेश अष्टम भाव में : मध्यायु, रोगी शरीर, विद्वानों से मतभेद।

षष्ठेश नवम भाव में : पिता से मतभेद, वित्तीय स्थिति में उतार–चढ़ाव, उच्च शिक्षा में व्यवधान।

षष्ठेश दशम भाव में : नकारात्मक प्रकृति, सम्मान परंतु दुष्कर्म में लीन।

षष्ठेश एकादश भाव में : शत्रु से धन प्राप्ति, बड़े भाई के लिए शुभ।

षष्ठेश द्वादश भाव में : बुरे कार्यों के लिए धन व्यय करनेवाला तथा कंजूस।

सप्तम भाव : पति या पत्नी, वैवाहिक जीवन, काम–वासना, मृत्युकारक, व्यापार में साझेदारी, यात्रा।

सप्तम भाव सहयोग व भौतिक संबंधों का भाव है। इसीलिए चाहे वह वैवाहिक जीवन में जीवन साथी का प्रश्न हो या व्यापार में सहयोगी से संबंध का प्रश्न हो, इस संबंध में सप्तम भाव जातक के जीवन पर महत्त्वपूर्ण प्रकाश डालता है। सप्तम भाव लंबी यात्रा की समाप्ति भी बतलाता है। अतः नवम भाव (जो लंबी यात्रा प्रदर्शित करता है) व सप्तम भाव का संबंध विदेश यात्रा का द्योतक है। विवाह का समय, वैवाहिक जीवन में आपसी संबंधों की नजदीकियाँ या तनाव जातक के पूरे जीवन को प्रभावित करते हैं। अतः युवावस्था व उसके बाद के जीवन के लिए सप्तम भाव का अध्ययन महत्त्वपूर्ण है।

किसी भी भाव से पूर्व का भाव (अपने से बारहवाँ भाव) उस

भाव का व्यय भाव होता है। अष्टम भाव मुख्यतः आयु का भाव है। अतः अष्टम भाव का बारहवाँ भाव अर्थात् सप्तम भाव आयु का व्यय भाव होगा। आयु का व्यय ही मृत्यु प्रदर्शित करता है। अतः सप्तम भाव आयु की समाप्ति अर्थात् मृत्यु का समय बताएगा। सप्तम भावेश (सप्तमेश) व सप्तम भाव में स्थित ग्रह अपनी दशा व अंतर्दशा में मृत्यु या गंभीर रोग कर सकते हैं। अतः सप्तमेश व सप्तम भाव में स्थित ग्रह महत्त्वपूर्ण मारकेश होते हैं।

राजनीतिक ज्योतिष में देश के अंतरराष्ट्रीय संबंध व विदेश व्यापार के विषय में सप्तम भाव से ज्ञान प्राप्त किया जाता है।

प्रश्न कुंडली में सप्तम भाव खोई संपत्ति की प्राप्ति तथा चोर के संबंध में प्रकाश डालते हैं।

सप्तम भाव में स्थित विभिन्न ग्रहों का प्रभाव अध्याय 5 में वर्णित है। सप्तमेश के विभिन्न भावों में स्थित होने पर प्राप्त होनेवाले परिणाम नीचे दिए जा रहे हैं—

सप्तमेश प्रथम भाव में : योग्य व सहयोगी पति/पत्नी की प्राप्ति, ज्ञानवान्।

सप्तमेश द्वितीय भाव में : पति/पत्नी से आर्थिक स्थिति में सुधार में सहायता, आलसी, मानसिक एकाग्रता में कमी।

सप्तमेश तृतीय भाव में : भाई के लिए शुभ, भाई की विदेश यात्रा।

सप्तमेश चतुर्थ भाव में : प्रसन्नतापूर्ण पारिवारिक जीवन, सच्चरित्र, विद्वान्, वाहन सुख।

सप्तमेश पंचम भाव में : पति/पत्नी उच्च परिवार से तथा जीवन में सहयोग, सच्चरित्र, शीघ्र विवाह।

सप्तमेश षष्ठम भाव में : पति/पत्नी रोगी, पुनर्विवाह संभव, अप्रसन्नता, क्रोधी।

सप्तमेश सप्तम भाव में : योग्य पति/पत्नी की प्राप्ति, अच्छा व्यक्तित्व।

सप्तमेश अष्टम भाव में : पति/पत्नी अच्छे परिवार से, परंतु दांपत्य जीवन में कष्ट।

सप्तमेश नवम भाव में : पति/पत्नी जीवन को सुपथ पर ले जाने के लिए विशेष सहयोगी होंगे। जातक की विदेश यात्रा का योग। जातक के पिता के लिए भी शुभ व पिता का भी विदेश यात्रा का योग।

सप्तमेश दशम भाव में : विदेश यात्रा का योग, पति/पत्नी के द्वारा व्यवसाय/नौकरी में सहयोग व परिवार की आय में वृद्धि में सहयोग।

सप्तमेश एकादश भाव में : विवाह से आय में वृद्धि, पुनर्विवाह की संभावना।

सप्तमेश द्वादश भाव में : पुनर्विवाह की संभावना, पति/पत्नी का खर्चीला होना।

अष्टम भाव : आयु, विघ्न, मानसिक चिंता, अपमान, मृत्यु आदि के संबंध में जानकारी के लिए अष्टम भाव का अध्ययन आवश्यक है।

अष्टम भाव जातक की आयु के निर्धारण के लिए महत्त्वपूर्ण जानकारी देता है। यद्यपि प्रथम व तृतीय भाव की स्थिति को भी अष्टम भाव के साथ देखकर आयु का निर्धारण करना चाहिए। अष्टमेश किस भाव में स्थित है, अष्टम भाव में कौन से ग्रह उपस्थित हैं, अष्टम भाव व अष्टमेश पर किन ग्रहों की दृष्टि पड़ रही है—ये सभी बातें अष्टम भाव से संबंधित बिंदुओं के संबंध में जानकारी देंगे। शनि धीमी गति का ग्रह है। अतः अष्टम ग्रह में शनि की उपस्थिति प्रथम दृष्टया लंबी आयु को प्रदर्शित करता है। फिर भी वास्तविक आयु का निर्धारण अन्य सभी बातों को भी ध्यान में रखकर करना चाहिए। मृत्यु स्वाभाविक होगी या नहीं, कष्टप्रद होगी या नहीं,

दुर्घटना, आग या आत्महत्या द्वारा होगी, इन सब बातों की जानकारी भी अष्टम भाव से प्राप्त होती है। दुर्घटना, अपमान व मानसिक चिंता की जानकारी भी अष्टम भाव का अध्ययन गंभीरता से करने पर प्राप्त होती है। शरीर के अंगों में गुदा की स्थिति अष्टम भाव से प्रदर्शित होती है। अतः गुदा संबंधी रोग भी अष्टम भाव से ज्ञात होते हैं। उदाहरणार्थ—अष्टम भाव में मंगल की उपस्थिति से बवासीर रोग की आशंका का पता चलता है। राजनीति ज्योतिष में देश की जन्म, मृत्यु दर, बड़ी दुर्घटनाएँ, अकाल, भूकंप आदि का ज्ञान अष्टम भाव से होता है। प्रश्न कुंडली में नदी–संबंधी जानकारी, यात्राएँ व्यवधान आदि के संबंध में अष्टम भाव ज्ञान देता है। अष्टम भाव में उपस्थित ग्रहों के प्रभाव का वर्णन अध्याय 5 में किया जा चुका है। अष्टमेश के विभिन्न भावों में उपस्थित होने पर प्राप्त परिणामों का उल्लेख नीचे किया जा रहा है।

अष्टमेश प्रथम भाव में : अशुभकारी, कमजोर शरीर, शासन से सहायता प्राप्त होने में कठिनाई।

अष्टमेश द्वितीय भाव में : आँख व दाँत में कष्ट, अस्वाद भोजन प्राप्ति, आर्थिक स्थिति के लिए अशुभ, दांपत्य जीवन के लिए अशुभ।

अष्टमेश तृतीय भाव में : कान में कष्ट, भाई–बहन से कटु संबंध, निराशाजनक सोच, अष्टम भाव की अन्य प्रतिकूल परिस्थिति भी होने पर विकृत मस्तिष्क या आत्महत्या की प्रवृत्ति।

अष्टमेश चतुर्थ भाव में : माँ के स्वास्थ्य के लिए अशुभ, अचल संपत्ति व वाहन प्राप्ति के संबंध में कठिनाई। मानसिक अशांति।

अष्टमेश पंचम भाव में : संतान के लिए अशुभ, मस्तिष्क अशांत।

अष्टमेश षष्ठम भाव में : भाग्यशाली, राजयोग, स्वास्थ्य के लिए अशुभ, शत्रु पर विजय, यश व धन की प्राप्ति।

अष्टमेश सप्तम भाव में : आयु में कमी, पति/पत्नी की भी आयु में कमी, विदेश यात्रा की संभावना, परंतु विदेश जाकर स्वास्थ्य संबंधी कष्ट।

अष्टमेश अष्टम भाव में : बलशाली होने पर दीर्घायु व प्रसन्नता प्रदान करनेवाला, समृद्धि व उच्च पद प्राप्ति की संभावना।

अष्टमेश नवम भाव में : पिता के लिए अशुभ, पैतृक संपत्ति की क्षति, अधार्मिक।

अष्टमेश दशम भाव में : व्यावसायिक जीवन में व्यवधान, आर्थिक स्थिति के लिए अशुभ, ऋणग्रस्त होने की आशंका।

अष्टमेश एकादश भाव में : बड़े भाई व मित्रों के लिए अशुभ, आर्थिक स्थिति के लिए कष्ट, व्यापार में हानि।

अष्टमेश द्वादश भाव में : द्वादश के साथ स्थित होने पर राजयोग, अन्यथा द्वादश भाव की स्थिति बलशाली होने पर धन–संपत्ति का योग। अशुभ स्थिति होने पर अनावश्यक व्यय।

नवम भाव : आचार्य (गुरु), धर्म, देवता, आराध्य देव, पिता, लंबी यात्रा, आध्यात्मिकता, उच्च शिक्षा—सब इन बिंदुओं के संबंध में ज्ञान नवम भाव के अध्ययन से प्राप्त होगा।

नवम भाव मुख्यतः धर्म के प्रति जातक के लगाव, पिता के प्रति आदर तथा उसकी उच्च शिक्षा की स्थिति को प्रदर्शित करता है। कुछ विद्वान् नवम भाव से जातक के भाग्य का भी संकेत करते हैं; परंतु इस लेखक का अनुभव है कि भाग्य के विषय में एकादश भाव से ही विचार करना उचित है। माध्यमिक स्तर तक की शिक्षा की स्थिति पंचम भाव से ही प्रदर्शित होती है; परंतु जातक की उच्च शिक्षा का स्तर क्या होगा, इसकी जानकारी नवम भाव से ही ज्ञात होती है। बलशाली शनि आध्यात्मिक अभिरुचि प्रदान करता है, परंतु

बाधा भी उत्पन्न करता है। यही कारण है कि बलशाली शनि का प्रभाव यदि नवम भाव पर है तो जातक में अध्यात्म के प्रति अभिरुचि होगी, परंतु उसकी उच्च शिक्षा में कुछ व्यवधान होगा। गुरु व पिता के प्रति जातक का व्यवहार भी नवम भाव से ही प्रदर्शित होगा। राजनीतिक ज्योतिष में नवम भाव से देश में दूर यातायात संबंधी साधन, यथा–रेल यातायात, जलयान, वायुयान आदि के संबंध में ज्ञान प्राप्त किया जाता है। प्रश्न कुंडली में जातक के नवम भाव से प्रदर्शित बातों के उत्तर नवम भाव की स्थिति से बतलाए जाते हैं।

नवम भाव में विभिन्न ग्रहों की स्थिति का परिणाम क्या होगा, इसके संबंध में अध्याय 5 में वर्णन किया जा चुका है। नवम भाव में स्थित राशि के स्वामी गृह (नवमेश) के विभिन्न भावों में स्थित होने का क्या प्रभाव होगा, इसका वर्णन नीचे दिया जा रहा है।

नवमेश प्रथम भाव में : स्वपरिश्रम से उन्नति, धनवान्, भाग्यशाली।

नवमेश द्वितीय भाव में : पैतृक धन की प्राप्ति, सम्मानित, प्रसन्नता की प्राप्ति।

नवमेश तृतीय भाव में : लेखक, वक्ता, कुशल अध्यापक, बुद्धिमान।

नवमेश चतुर्थ भाव में : अचल संपत्ति की प्राप्ति, माँ के लिए शुभ, वाहन प्राप्ति।

नवमेश पंचम भाव में : पिता के लिए शुभ, प्रथम संतान की योग्यता व भाग्य में वृद्धि।

नवमेश षष्ठम भाव में : पिता के स्वास्थ्य के लिए अशुभ, नवमेश के सबल होने पर जातक को पैतृक संपत्ति के संबंध में चलनेवाली न्यायिक कार्यवाही में सफलता मिलेगी।

नवमेश सप्तम भाव में : विवाह में भाग्योदय, विदेश यात्रा व उससे आर्थिक लाभ, पिता के द्वारा भी विदेश में लाभ प्राप्ति।

नवमेश अष्टम भाव में : उच्च शिक्षा में व्यवधान, पिता की आयु में कमी।

नवमेश नवम भाव में : पिता के लिए शुभ स्थिति, उच्च शिक्षा में सफलता, धर्म में आस्था, लंबी यात्राएँ।

नवमेश दशम भाव में : राजयोग, व्यावसायिक सफलता, उच्च पद की प्राप्ति, समृद्धि व सम्मान प्राप्ति।

नवमेश एकादश भाव में : धनवान्, अच्छे मित्रों का साथ, सच्चरित्र।

नवमेश द्वादश भाव में : दुर्भाग्य की स्थिति, आर्थिक स्थिति के लिए अशुभ, धार्मिक, पिता की आयु में कमी।

दशम भाव : कर्म स्थान, जीविकोपार्जन का साधन, शासन में पद, यश, कार्य में अभिरुचि, आचार आदि के संबंध में ज्ञान देने के कारण भारतीय समाज में पुरुष जातक के लिए दशम भाव का अध्ययन अत्यंत महत्त्वपूर्ण है; क्योंकि अधिकतर पुरुष ही परिवार के पालन के लिए जीविकोपार्जन करते हैं। स्त्री जातक के लिए दशम भाव सबल होने पर भी वह यदि स्वयं कोई सेवा, व्यवसाय आदि नहीं करती है तो इसका लाभ उसके पति को प्राप्त होता है। सूर्य राजकीय सत्ता का प्रतीक है। अतः दशम भाव में सूर्य की उपस्थिति जातक को राजकीय सेवा प्रदान करने का स्पष्ट चिह्न है। यह राजकीय सेवा किस स्तर की होगी, इसकी जानकारी संपूर्ण लग्न तालिका का अध्ययन करने के उपरांत ही करनी चाहिए। इसी प्रकार मंगल शक्ति व खून का प्रतीक है, अतः दशम भाव में मंगल उपस्थित होने पर जातक को सेना, पुलिस आदि में सेवा का अवसर दे सकता है अथवा सर्जन बना सकता है। इसी प्रकार विभिन्न ग्रहों की उपस्थिति कर्म भाव के विषय में महत्त्वपूर्ण जानकारी देता है। कर्म भाव जातक के जीवन में शिक्षा के बाद के जीवन के उस महत्त्वपूर्ण भाव के विषय में जानकारी देता है, जिसमें जातक को अपने परिवार का

भरण–पोषण करना होता है। जातक जो सेवा या व्यवसाय करता है या सेवा में जो पद धारण करता है, उससे ही उसकी आर्थिक स्थिति का भी बोध होता है। समाज में किसी भी व्यक्ति की सेवा या व्यवसाय में जो स्थिति है, उसी से उसे किसी सीमा तक यश भी प्राप्त होता है। अतः दशम भाव से जातक के सामाजिक यश के विषय में भी प्रकाश पड़ता है।

ऊपर स्पष्ट किया जा चुका है कि स्त्री जातक का दशम भाव प्रबल होने पर भारतीय सामाजिक परिस्थिति में यह अनिवार्यतः नहीं कहा जा सकता है कि जातक स्वयं सेवा, व्यवसाय आदि करेगी; परंतु यदि वह स्वयं जीविकोपार्जन नहीं करती है तो उसके दशम भाव का लाभ परिवार को अवश्य मिलेगा, अर्थात् उसके पति के दशम भाव को बल प्रदान करेगा। इस बात को चतुर्थ भाव के संबंध में भी समझा जा सकता है। यदि स्त्री जातक का चतुर्थ भाव सबल है तो उसके (स्वयं जीविकोपार्जन नहीं करने की दशा में) वह स्वयं अचल संपत्ति अर्जित नहीं कर सकती है; परंतु यदि उसका पति उसके नाम से अचल संपत्ति क्रय करेगा तो उस क्रय से निश्चय ही लाभ होगा।

दशम भाव में विभिन्न ग्रहों की उपस्थिति का प्रभाव क्या होगा, इसका उल्लेख अध्याय 5 में किया जा चुका है। दशम भाव में स्थित राशि के स्वामी (दशमेश या कर्मेश) के विभिन्न भावों में उपस्थित होने का क्या परिणाम होगा, इसका वर्णन नीचे दिया जा रहा है—

दशमेश प्रथम भाव में : स्वपरिश्रम से उन्नति, ज्ञानी, यश प्राप्ति, बचपन में कमजोर व्यवस्था।

दशमेश द्वितीय भाव में : भाग्यवान्, धन–प्राप्ति, राजकीय प्रश्रय, पारिवारिक व्यापार होने पर उसमें रुचि लेगा।

दशमेश तृतीय भाव में : भाई से सहायता, छोटी यात्राएँ, अच्छा वक्ता

या लेखक।

दशमेश चतुर्थ भाव में : भाग्यवान्, विभिन्न विषयों का ज्ञाता, सहृदय, वाहन व अचल संपत्ति की प्राप्ति।

दशमेश पंचम भाव में : सट्टा, शेयर आदि में धन लगाने में रुचि, ज्ञानवान्, धनवान्।

दशमेश षष्ठम भाव में : कारागार, चिकित्सा या न्यायपालिका से संबंधित व्यवसाय करने की संभावना। शत्रुओं से हानि।

दशमेश सप्तम भाव में : पति/पत्नी का जातक के व्यवसाय में विशेष योगदान, विदेश यात्रा की संभावना, साझेदारी के व्यवसाय में रुचि।

दशमेश अष्टम भाव में : व्यावसायिक/सेवा में उतार–चढ़ाव व परिवर्तन, लंबी आयु।

दशमेश नवम भाव में : राजयोग, धन व यश की प्राप्ति, बृहस्पति की उपस्थिति या दृष्टि होने पर आध्यात्मिक प्रमुख।

दशमेश दशम भाव में : व्यवसाय/सेवा में उच्च सफलता, उच्च पद की प्राप्ति, धन व यश की प्राप्ति।

दशमेश एकादश भाव में : भाग्यशाली, धनवान्, यश की प्राप्ति, सच्चरित्र।

दशमेश द्वादश भाव में : व्यवसाय/सेवा में असफलताएँ, इस संबंध में दूरस्थ स्थानों की यात्राएँ।

एकादश भाव : भाग्य, लाभ, धन, ऐश्वर्य, बड़ा भाई–बहन, मित्र, सिद्धि, वैभव, काम, सरलता आदि के संबंध में ज्ञान के लिए एकादश भाव का अध्ययन किया जाता है।

चार पुरुषार्थ—धर्म, अर्थ, काम व मोक्ष क्रमशः नवम, दशम,

एकादश व द्वादश भाव से प्रदर्शित होते हैं। इस क्रम में एकादश भाव काम को प्रदर्शित करता है। काम को केवल सीमित अर्थ में न लेकर यदि इसका व्यापक रूप लें तो काम में सफलता धन व ऐश्वर्य से जुड़ी हुई है। भाग्यशाली जातक को ही जीवन में सभी भौतिक सुख प्राप्त होते हैं। इसी कारण एकादश भाव से चिह्नित बातों में काम के अतिरिक्त भाग्य, लाभ, धन, ऐश्वर्य, सिद्धि, वैभव आदि को भी सम्मिलित किया गया है। इसके अतिरिक्त मित्र व बड़े भाई–बहन के संबंध में भी एकादश भाव की स्थिति महत्त्वपूर्ण प्रकाश डालती है। तृतीय भाव दाएँ कान को प्रदर्शित करता है तथा एकादश भाव बाएँ कान को। जातक के भौतिक सुखों की प्राप्ति के ज्ञान हेतु एकादश भाव का अध्ययन महत्त्वपूर्ण है।

एकादश भाव में विभिन्न ग्रहों की स्थिति का प्रभाव का वर्णन अध्याय 5 में दिया जा चुका है। एकादश भाव में स्थित राशि के स्वामी एकादशेश या लाभेश के विभिन्न भावों में स्थित होने का प्रभाव नीचे दिया जा रहा है—

लाभेश प्रथम भाव में : पैतृक धन–संपत्ति की प्राप्ति, कवि व कुशल वक्ता।

लाभेश द्वितीय भाव में : भाग्यशाली, धन व प्रसन्नता की प्राप्ति।

लाभेश तृतीय भाव में : भाई व मित्रों से सहायता, संगीत व गायन हेतु समूह गठन।

लाभेश चतुर्थ भाव में : माँ के लिए भाग्यशाली, अचल संपत्ति तथा वाहन की प्राप्ति और इन वस्तुओं के व्यापार से लाभ। ज्ञान व यश की प्राप्ति।

लाभेश पंचम भाव में : संतान सुख व संतान के लिए भाग्यशाली स्थिति; सट्टा, शेयर आदि में धन लगाने से लाभ।

लाभेश षष्ठम भाव में : मुकदमेबाजी या मामा से धन की प्राप्ति, बचपन में कमजोर स्वास्थ्य।

लाभेश सप्तम भाव में : पति/पत्नी से धन प्राप्ति, अशुभ स्थिति होने पर पुनर्विवाह की संभावना।

लाभेश अष्टम भाव में : अभाग्यशाली स्थिति, अन्य व्यक्तियों द्वारा धोखा देकर जातक की धन–संपत्ति का हरण किया जा सकता है।

लाभेश नवम स्थान में : भाग्यशाली, पैतृक संपत्ति की प्राप्ति, वाहन व अन्य भौतिक सुखों की प्राप्ति, धार्मिक मनोवृत्ति, दूसरों की सहायता हेतु संस्था का गठन।

लाभेश दशम भाव में : व्यापार/व्यवसाय में सफलता व भाई का सहयोग प्राप्त होगा। राजकीय सहायता/अपने व्यवसाय के संबंध में शिक्षा/प्रशिक्षण हेतु प्रयासरत।

लाभेश एकादश भाव में : भाग्यशाली, मित्र, भाई व अन्य परिजनों की सहायता प्राप्त होगी। सभी भौतिक सुखों की प्राप्ति।

लाभेश द्वादश भाव में : व्यापार/व्यवसाय में हानि, पारिवारिक उत्तरदायित्वों के निर्वहण में व्यय, भाई के स्वास्थ्य के लिए अशुभ।

द्वादश भाव : दुःख, व्यय, बायाँ नेत्र, बंधन, दरिद्रता, शयन–स्थान, पाप, पैर, हानि, मोक्ष आदि के संबंध में महत्त्वपूर्ण जानकारी द्वादश भाव के अध्ययन से ज्ञात होती है।

किसी भी भाव से पूर्व का भाव (बारहवाँ भाव) उस भाव की हानि प्रदर्शित करता है। उदाहरणार्थ, अष्टम भाव आयु प्रदर्शित करता है, अतः अष्टम भाव से बारहवाँ भाव अर्थात् सप्तम भाव आयु की हानि प्रदर्शित करता है, अतः 'मारक स्थान' कहलाता है। इसी प्रकार प्रथम भाव जातक के व्यक्तित्व व स्वतंत्रता का प्रमुख द्योतक है। अतः द्वादश भाव जातक के बंधन, दुःख, व्यय आदि को प्रदर्शित

करता है। यह बंधन चिकित्सालय में होगा या कारागार में होगा; कारागार में भी आपराधिक मामले में होगा या राजनीतिक कारणों से, इसका निर्णय लग्न तालिका का संपूर्ण अध्ययन करके ही बताया जा सकता है; परंतु यह स्पष्ट है कि द्वादश भाव में मंगल की उपस्थिति से जातक के जीवन में किसी स्थान पर बंधन की संभावना अवश्य बनेगी। इसी प्रकार द्वादश भाव में चंद्र की उपस्थिति जातक को खर्चीला बनाएगी; परंतु शनि की उपस्थिति मितव्ययिता प्रदर्शित करती है। द्वादश भाव का अध्ययन भलीभाँति करने से यह भी ज्ञात होगा कि जातक जो व्यय करेगा, वह शुभ कार्य हेतु करेगा या स्वार्थवश अशुभ कार्य हेतु। द्वादश भाव शयन स्थान को भी प्रदर्शित करता है। अतः इस भाव में शुक्र की स्थिति यह संभावना उत्पन्न करेगी कि जातक अपने शयन कक्ष को सुंदर, सुव्यवस्थित व विलासितापूर्ण रखना चाहेगा। द्वादश भाव में पाप ग्रह का प्रभाव बाएँ नेत्र को कमजोर करेगा तथा जातक को कम उम्र में चश्मे की आवश्यकता होगी। अन्य विशेष प्रतिकूल प्रभाव होने पर नेत्र ज्योति बहुत कमजोर हो सकती है।

मोक्ष जन्म–मृत्यु चक्र से मुक्ति का द्योतक है तथा मोक्ष उसी व्यक्ति को प्राप्त होता है, जो इस जन्म में सत्कर्म कर अपनी आध्यात्मिक उन्नति के शिखर पर पहुँचने में सफल हो। अतः जातक की आध्यात्मिक उन्नति व आध्यात्मिक चिंतन के संबंध में भी द्वादश भाव के अध्ययन से जानकारी प्राप्त होती है। आध्यात्मिक चिंतन का ऋणात्मक रूप धोखाधड़ी आदि के कुविचार हैं। अतः द्वादश भाव में प्रतिकूल स्थिति होने पर इस प्रकार कुविचार जन्म लेंगे। जातक के मस्तिष्क में जो विचार उत्पन्न होंगे वे आध्यात्मिक उन्नति के होंगे या इसके प्रतिकूल होंगे, इस बात का निर्णय केवल द्वादश भाव के ही अध्ययन से नहीं, बल्कि संपूर्ण लग्न तालिका के अध्ययन से ज्ञात की जा सकती है।

द्वादश भाव में विभिन्न ग्रहों के स्थित होने पर प्राप्त परिणाम

का वर्णन अध्याय 5 में किया जा चुका है। द्वादश भाव में स्थित राशि के स्वामी ग्रह, जिसे 'द्वादशेश' या 'व्ययेश' कहते हैं, के विभिन्न भावों में स्थित होने पर प्राप्त होनेवाले परिणाम निम्नवत् वर्णित हैं—

व्ययेश प्रथम भाव में : कमजोर स्वास्थ्य, अस्थिर मस्तिष्क, आँख कमजोर, सुंदर शरीर।

व्ययेश द्वितीय भाव में : धन—हानि, कमजोर आँख, पारिवारिक जीवन तनावपूर्ण।

व्ययेश तृतीय भाव में : डरपोक, भाई के लिए अशुभ, कारागार या चिकित्सालय में निरुद्ध होने की आशंका।

व्ययेश चतुर्थ भाव में : माँ के लिए अशुभ, अचल संपत्ति की हानि, घर से दूर या विदेश निवास की संभावना।

व्ययेश पंचम भाव में : संतान के लिए अशुभ स्थिति, प्रारंभिक व माध्यमिक शिक्षा में कठिनाई, अस्थिर मस्तिष्क, धार्मिक प्रवृत्ति।

व्ययेश षष्ठम भाव में : प्रसन्नता, सुखी व समृद्ध जीवन। रोग व शत्रुओं पर विजय, मुकदमे में जीत।

व्ययेश सप्तम भाव में : पति/पत्नी के लिए अशुभ। पारिवारिक जीवन में तनाव।

व्ययेश अष्टम भाव में : भाग्यवान्, सुदृढ़ आर्थिक स्थिति, सुखी व समृद्ध जीवन, सच्चरित्र, प्रसिद्धि।

व्ययेश नवम भाव में : विदेश में समृद्धि की प्राप्ति। सहृदय, परंतु धार्मिक व परंपरागत मान्यताओं पर विश्वास नहीं होगा।

व्ययेश दशम भाव में : कठोर परिश्रमी, व्यवसाय, सेवा के संबंध में

यात्रारत। राजकीय सहायता के बगैर परिश्रम से जीवन–यापन।

व्ययेश एकादश भाव में : व्यापार में रुचि, परंतु शत्रुओं के कारण आर्थिक हानि।

व्ययेश द्वादश भाव में : व्यय में रुचि, साथ ही व्यय, शुभ कार्य हेतु धार्मिक प्रवृत्ति से जातक द्वारा किया जाएगा। पारिवारिक जीवन में प्रसन्नता।

भाव कारक : किसी भी भाव का अध्ययन करने के लिए केवल भाव में स्थित राशि व भावेश की स्थिति की ही जानकारी पर्याप्त नहीं है। इसके अतिरिक्त प्रत्येक भाव के कारक ग्रह भी नीचे दी गई तालिका के अनुसार होते हैं। यदि कोई भाव राशि व ग्रह को प्रथम दृष्टया देखने से बलशाली प्रतीत नहीं होता है तो इसके कारक ग्रह का प्रभाव भी इस भाव को प्राप्त होगा। इसी प्रकार यदि कोई भाव प्रथम दृष्टया बलशाली दिखाई दे रहा है, परंतु यदि इसका कारक ग्रह अशुभ स्थिति में है तो इस भाव की भी स्थिति उतनी अच्छी नहीं होगी जितनी प्रथम दृष्टया प्रतीत हो रही है। उदाहरणार्थ—नीचे दी गई तालिका में प्रथम भाव का कारक गृह सूर्य है। अतः प्रथम भाव के संबंध में विवेचना केवल प्रथम भाव में स्थित राशि, लग्नेश व प्रथम भाव पर दृष्टि रखना ग्रहों को ही देखकर करना पर्याप्त नहीं होगा, बल्कि इसके अतिरिक्त लग्न तालिका में प्रथम भाव के कारक सूर्य की क्या स्थिति है—उसको भी देखना आवश्यक होगा। यदि सूर्य शुभ स्थिति में है तो प्रथम भाव से प्राप्त परिणाम में वृद्धि करेगा, परंतु यदि सूर्य अशुभ स्थिति में है तो प्रथम भाव से प्राप्त होनेवाले परिणाम में हानि करेगा। इसी प्रकार सभी भावों के संबंध में निष्कर्ष के पूर्व इस तालिका के अनुसार भावकारक ग्रह की स्थिति को भी ध्यान में रखकर विवेचना की जानी चाहिए—

भाव	कारक ग्रह
प्रथम	सूर्य
द्वितीय	बृहस्पति
तृतीय	मंगल
चतुर्थ	चंद्र तथा बुध
पंचम	बृहस्पति
षष्ठम	मंगल और शनि
सप्तम	शुक्र
अष्ठम	शनि
नवम	बृहस्पति व सूर्य
दशम	सूर्य, बुध, बृहस्पति एवं शनि
एकादश	बृहस्पति
द्वादश	शनि

भावों के विशिष्ट नाम

फलित ज्योतिष में कुछ भाव समूहों को विशिष्ट नाम से जाना जाता है। अतः फलित ज्योतिष का ज्ञान कराने के पूर्व यह आवश्यक है कि जिन भाव समूहों को विशिष्ट नाम से जाना जाता है, पाठक उनका ज्ञान प्राप्त कर लें। इस अध्याय में केवल विशिष्ट नाम की जानकारी प्राप्त कर लेना पर्याप्त होगा। इस जानकारी का प्रयोग अगले अध्याय में किया जाएगा।

केंद्र : लग्न तालिका के प्रथम, चतुर्थ, सप्तम व दशम भाव को 'केंद्र' नाम से जाना जाता है।

पणफर : केंद्र से बादवाले चार भावों को 'पणफर' नाम दिया गया है। अतः द्वितीय, पंचम, अष्टम व एकादश भावों को 'पणफर' के नाम से भी जाना जाता है।

आपोक्लिम : 'पणफ़र' के बाद आनेवाले चारों भाव आपोक्लिम के नाम से जाने जाते हैं। अतः तृतीय, षष्ठम, नवम व द्वादश भाव आपोक्लिम' भाव कहलाते हैं।

त्रिकोण : उपर्युक्त नामों के अतिरिक्त प्रथम, पंचम व नवम भाव को 'त्रिकोण' के भी नाम से जाना जाता है।

दुःस्थान या अशुभ भाव : षष्ठम, अष्टम तथा द्वादश भाव 'अशुभ भाव' या 'दुःस्थान' भी कहे जाते हैं।

□

अध्याय–6

ज्योतिष फल–विचार

ज्योतिष विज्ञान का जो भी परिचय पूर्व अध्यायों में दिया गया है उससे पाठक को यह भलीभाँति स्पष्ट हो गया होगा कि ज्योतिष विज्ञान के आधार पर किसी जातक का फल विचार करना इतना आसान नहीं है जितना सामान्यतः लोग समझते हैं। फल–विचार की प्रवीणता कठिन परिश्रम व अधिकाधिक जातकों के संबंध में अनुभव के उपरांत ही प्राप्त हो सकती है। मात्र सैद्धांतिक अध्ययन ही फल–विचार में तब तक प्रवीणता प्राप्त नहीं करा सकता है जब तक इसके साथ वास्तव में विभिन्न परिस्थितियों, विभिन्न सामाजिक–आर्थिक–पारिवारिक स्तरों से संबंधित जातकों की लग्न तालिका का अध्ययन न कर लिया जाए। मात्र एम.बी.बी.एस. या अन्य उच्च शिक्षा से ही कोई विद्यार्थी कुशल चिकित्सक नहीं बन जाता है। कुशल चिकित्सक वही बनता है, जो कड़ी मेहनत से अनेक रोगियों का परीक्षण कर उनकी चिकित्सा करता है तथा रोगों के निदान की अवधि में अपने रोगी पर दवा आदि के प्रभाव पर पैनी नजर रखता है। अतः यदि आप ज्योतिष फल–विचार में प्रवीणता लाना चाहते हैं तो सर्वप्रथम आपको यह संकल्प लेना होगा कि जब तक आप इस विषय में स्वयं पर्याप्त अनुभव प्राप्त नहीं कर लेते हैं तब तक अल्पज्ञान के आधार पर केवल कुछ महत्त्वपूर्ण बातें लोगों

को बताकर स्वयं को 'ज्योतिषी' कहलाने के लालच में नहीं पड़ें। लेखक का विचार है कि ज्ञान का अहंकार ही व्यक्ति के ज्ञान–प्राप्ति के मार्ग में बहुत बड़ा बाधक है। ज्ञान–प्राप्ति एक सतत प्रक्रिया है, जिसका कोई अंत नहीं है—यदि इस मूल सिद्धांत के साथ आप ज्योतिष फल–विचार के सागर में प्रवेश करेंगे तो निश्चित ही ज्ञान के कुछ–न–कुछ मोती प्राप्त करने में सफल हो सकेंगे।

ज्योतिष फल–विचार एक बहुत बड़ा विषय है। अनेक प्राचीन ग्रंथों में इस विषय में विद्वानों ने अपने अनुभव के आधार पर कुछ सिद्धांत प्रतिपादित किए हैं। वर्तमान कालखंड में भी प्राचीन ग्रंथों पर टीका करते समय विद्वानों ने इन सिद्धांतों की व्याख्या की है। अतः इन समस्त सिद्धांतों व अनुभवों का ज्ञान इस पुस्तक के मात्र एक अध्याय में नहीं दिया जा सकता है, परंतु ज्योतिष फल–विचार के जो मूल सिद्धांत हैं, जिनपर चलकर किसी जातक की लग्न तालिका का फल बताया जा सकता है, उनका परिचय पाठक को इस अध्याय में कराया जा रहा है—

लग्न तालिका के किसी भाव का फल–विचार

जातक की लग्न तालिका के किसी भाव का अध्ययन कर उसके फल का विचार करते समय निम्नलिखित बिंदुओं पर विचार करना होगा—

1. **उस भाव में स्थित राशि के गुण।**
2. **उस भाव में स्थित राशि का स्वामी (भावेश) कौन सा ग्रह है तथा वह ग्रह किस भाव में स्थित है?**
3. **उस भाव में यदि कोई ग्रह स्थित है तो उसकी प्रकृति।**
4. **उस भाव व भावेश पर जिन अन्य ग्रहों की दृष्टि पड़ रही है, उनकी प्रकृति।**
5. **भाव के कारक की स्थिति।**
6. **भावेश की नवांश में स्थिति :** इसके लिए यह देखा जाता है कि

भावेश नवांश तालिका में जिस भाव में स्थित है उसकी राशि का स्वामी नवांश तालिका में कहाँ स्थित है तथा कितना बलवान् है।

7. राशि (चंद्र) तालिका में भी उस भाव का परीक्षण उपर्युक्त बिंदु 1, 2, 3 व 4 के अनुसार किया जाएगा।
8. यदि लग्न तालिका में कोई विशेष योग बन रहा हो तो उसका विचार (विशेष योग आदि की जानकारी इस अध्याय में आगे दी जाएगी)।

किसी भाव की वास्तविक स्थिति के संबंध में कोई भी फल बताने के पूर्व उपर्युक्त सभी आठ बिंदुओं पर मस्तिष्क केंद्रित करना आवश्यक है, मात्र एक या दो बिंदुओं के संदर्भ में ही लग्न तालिका देखकर फल की घोषणा कर देना अनुचित होगा।

भाव विशेष में स्थित राशियों के स्वामी (भावेश) के द्वारा दिए जानेवाले फल के संबंध में सामान्य सिद्धांत—

1. त्रिकोण (प्रथम, पंचम व नवम भाव) में स्थित राशि के स्वामी सदैव अपनी महादशा व अंतर्दशा में शुभ फल देते हैं। इसमें लग्नेश सर्वाधिक बलवान् होता है। उसके बाद नवमेश व उसके बाद पंचमेश बली होता है।
2. केंद्र में प्रथम भाव छोड़कर चतुर्थ, सप्तम व दशम भाव में स्थित राशि के स्वामी के संबंध में सामान्य सिद्धांत यह कहा गया है कि जो शुभ ग्रह केंद्र के स्वामी होंगे, वे शुभ फल नहीं देते हैं तथा जो अशुभ ग्रह केंद्र के स्वामी हैं, वे अशुभ फल नहीं देते हैं। कुछ विद्वान् इसका यह अर्थ भी निकालते हैं कि शुभ ग्रह यदि केंद्र के स्वामी हैं तो शुभ फल नहीं देंगे वरन् अशुभ फल देंगे तथा जो अशुभ ग्रह केंद्र के स्वामी हैं वे अशुभ फल नहीं देंगे, वरन् शुभ फल देंगे; परंतु लेखक का यह अनुभव रहा कि केंद्र का स्वामी यदि शुभ ग्रह है तो स्वभावतः शुभ फल नहीं

देगा, वरन् अपनी स्थिति के अनुसार सामान्य फल देगा; उसी प्रकार केंद्र का स्वामी यदि अशुभ ग्रह है तो वह स्वभावतः अशुभ फल नहीं देगा, वरन् अपनी स्थिति के अनुसार फल देगा। परंतु केंद्र संबंधी इस सिद्धांत में प्रथम भाव का स्वामी (लग्नेश) सदैव शुभ फल देता है (यदि लग्नेश छठे, आठवें या बारहवें भाव में स्थित है तो उसके कुप्रभाव को अलग से देखना होगा)। केंद्र के स्वामियों में सर्वाधिक बलवान् दशमेश, उसके बाद सप्तमेश व उसके बाद चतुर्थेश होता है।

3. दुःस्थान (त्रिक) के स्वामी अर्थात् षष्ठेश, षष्ठेश व द्वादशेश यदि दुःस्थान के अतिरिक्त अन्य किसी भाव में स्थित हों तो अशुभ फल देते हैं। यह विशेष ध्यान देने की बात है कि दुःस्थान का स्वामी भी यदि किसी दुःस्थान भाव में स्थित होता है तो अशुभ फल नहीं देता है (आगे योग संबंधी वर्णन में आप देखेंगे कि कुछ परिस्थिति में यह राजयोग भी देता है)।

   दुःस्थान के स्वामियों में सर्वाधिक अशुभ फल अष्टमेश देता है; परंतु यदि सूर्य या चंद्र अष्टमेश है (अर्थात् अष्टम भाव में कर्क या सिंह राशि स्थित है) तो अशुभ फल नहीं देता है। द्वादशेश का अशुभ फल सामान्यतः इसकी स्थिति व अन्य ग्रह जिसके साथ हो उसके अनुसार परिवर्तित हो जाती है।

4. तीसरे, छठे व ग्यारहवें भाव के स्वामी (तृतीयेश, षष्ठेश व एकादशेश) सदैव अशुभ फल देते हैं। इसमें भी सर्वाधिक अशुभ फल एकादशेश, उससे कम षष्ठेश व सबसे कम तृतीयेश देता है। पाठक के मन में यह जिज्ञासा हो सकती है कि षष्ठेश का उल्लेख ऊपर बिंदु संख्या 3 में भी किया जा चुका है, फिर षष्ठेश व एकादशेश का भी उल्लेख बिंदु संख्या 3 में ही क्यों नहीं कर लिया गया। इसका कारण यह है कि दुःस्थान के स्वामी (तृतीयेश सहित) जब दुःस्थान में स्थित होते हैं तो अशुभ फल नहीं देते हैं, परंतु षष्ठेश व एकादशेश सदैव अशुभ फल

ही देते हैं, चाहे वे कहीं भी स्थित हों।

5. ऊपर जो सामान्य सिद्धांत बताए गए हैं उनमें द्वितीयेश का फल किसी सामान्य सिद्धांत से बँधा नहीं होता है, वरन् द्वितीयेश जिस राशि में स्थित होता है तथा जिस अन्य ग्रह के साथ स्थित होता है, उसी के अनुसार फल भी देता है। कुछ हद तक द्वादशेश का व्यवहार भी द्वितीयेश के ही समान होता है, जैसा ऊपर बिंदु संख्या 3 के अंतिम वाक्य में उल्लिखित है।

भावेशों के परस्पर संबंध से उत्पन्न विशेष योग—

1. **त्रिकोण केंद्र संबंध :** तत्त्वदर्शी मुनियों ने त्रिकोण लक्ष्मीजी का स्थान व केंद्र विष्णुजी का स्थान माना है। अतः जहाँ भी त्रिकोणेश व केंद्रेश का परस्पर संबंध होगा वहाँ जातक के लिए राजयोग उत्पन्न होगा। वर्तमान कालखंड में राजयोग से तात्पर्य यही ग्रहण किया जाए कि जातक को शासन में उच्च अधिकार–संपन्न पद प्राप्त होगा। त्रिकोण व केंद्र के विभिन्न भावों के बीच संबंध से एक समान प्रबल संबंध उत्पन्न नहीं होता है। विभिन्न ग्रंथों में दिए गए वर्णन व लेखक के अनुभव के अनुसार त्रिकोण व केंद्र के संबंध निम्नलिखित घटते हुए क्रम में बलशाली होते हैं, अर्थात् नीचे क्रम संख्या 1 का संबंध सबसे अधिक बलशाली राजयोग उत्पन्न करेगा तथा क्रमानुसार 8 का संबंध सबसे कम बलशाली राजयोग उत्पन्न करेगा।

    1. **नवमेश व दशमेश का संबंध**
    2. **नवमेश व लग्नेश का संबंध**
    3. **नवमेश व चतुर्थेश का संबंध**
    4. **नवमेश व सप्तमेश का संबंध**
    5. **पंचमेश व दशमेश का संबंध**
    6. **पंचमेश व लग्नेश का संबंध**
    7. **पंचमेश व चतुर्थेश का संबंध**

8. पंचमेश व सप्तमेश का संबंध

ऊपर जो त्रिकोणेश व केंद्रेश के संबंध की बात कही गई है, भी निम्नलिखित घटते हुए क्रम में बलशाली होते हैं। अतः नीचे क्रम संख्या का संबंध सबसे बलशाली व क्रम संख्या 3 का संबंध सबसे कम बलशाली होगा।

1. त्रिकोणेश व केंद्रेश का परस्पर स्थान परिवर्तन, उदाहरणार्थ नवमेश दशम भाव में तथा दशमेश नवम भाव में हो।
2. त्रिकोणेश व केंद्रेश दोनों एक साथ किसी अन्य भाव में हो, उदाहरणार्थ–नवमेश व दशमेश दोनों पंचम भाव में हो।
3. त्रिकोणेश व केंद्रेश पृथक्–पृथक् भाव में स्थित होकर परस्पर दृष्टि रखते हों, उदाहरणार्थ नवमेश पंचम भाव में हो तथा दशमेश एकादश भाव में। ऐसी स्थिति में ये दोनों परस्पर सातवें भाव में स्थित होकर एक–दूसरे को पूर्ण दृष्टि से देखेंगे।

उपर्युक्त दोनों विवरणों से स्पष्ट है कि सबसे प्रबल राजयोग नवमेश व दशमेश के बीच उस स्थिति में होगा, जब नवमेश दशम भाव में व दशमेश नवम भाव में स्थित हो। यह भी प्रश्न उठाना स्वाभाविक है कि इस राजयोग का फल कब मिलेगा। वैसे तो जातक की लग्न कुंडली में जो योग हैं, उनका कुछ सामान्य फल पूरे जीवन में मिलता है तथा जातक को जीवन में सुख–समृद्धि प्राप्त होती है; यदि लग्न कुंडली में अन्य प्रतिकूल स्थितियाँ हैं तो उसका प्रतिकूल प्रभाव भी आँका जाएगा; परंतु राजयोग का पूर्ण प्रभाव तभी प्राप्त होता है, जब राजयोग बनानेवाले त्रिकोणेश व केंद्रेश में से एक की महादशा में दूसरे की अंतर्दशा चल रही हो। यदि किसी जातक की महादशा उसके सक्रिय जीवन काल में आ ही नहीं रही हो तो उस जातक को राजयोग होते हुए भी जीवन–काल में उस राजयोग का पूर्ण फल प्राप्त नहीं होगा।

2. **दुःस्थान संबंध :** छठे, आठवें व बारहवें भाव के स्वामी सामान्यतः जिस अन्य भाव में स्थित होते हैं, उस भाव के फल को क्षति

पहुँचाते हैं; परंतु इन दुःस्थानों के स्वामी यदि दुःस्थान में ही स्थित हों तो विशेष योग को जन्म देते हैं। इस प्रकार विद्वानों ने तीन विशेष योग बताए हैं–

(i) **हर्ष योग** : यदि छठे भाव में स्थित राशि का स्वामी; षष्ठेश अशुभ ग्रहों के साथ हो या अशुभ ग्रहों से देखा जाता हो तथा ऐसा षष्ठेश स्वयं छठे, आठवें या बारहवें भाव में स्थित हो तो इस स्थिति को 'हर्ष योग' नाम दिया गया है। 'हर्ष योग' की स्थिति में जातक हर्षित, यशवान्, भाग्यवान्, पुष्ट शरीरवाला व शत्रुओं को पराजित करनेवाला होता है।

(ii) **सरल योग** : यदि अष्टम भाव में स्थित राशि का स्वामी (अष्टमेश) छठे, आठवें या बारहवें भाव में स्थित हो तो जातक सरल योग का लाभ प्राप्त करेगा। सरल योग से लाभान्वित जातक स्थिर चित्त, निर्भय, धनवान्, ज्ञानी व सफलता प्राप्त करनेवाला होता है। यह ध्यान देने योग्य है कि हर्ष योग में अशुभ ग्रहों के साथ होना या अशुभ ग्रहों की दृष्टि की भी बात कही गई है; परंतु सरल योग में यह नहीं कही गई है, क्योंकि अष्टम भाव में मंगल का प्रभाव कष्ट देता है, परंतु अष्टम में शनि का प्रभाव आयु–वृद्धि करता है, अतः अष्टमेश के साथ अशुभ ग्रह के संयोग को सरल योग में सम्मिलित नहीं किया गया है। ऐसे अशुभ ग्रह के संबंध में पूर्व अध्यायों में दिए गए विवरण के आधार पर निष्कर्ष प्राप्त करना उचित होगा।

(iii) **विमल योग** : यदि बारहवें भाव में स्थित राशि का स्वामी छठे, आठवें या बारहवें भाव में स्थित हो तथा अन्य अशुभ ग्रह के साथ स्थित हो या उसकी दृष्टि में हो तो 'विमल योग' उत्पन्न होता है। विमल योग के फलस्वरूप

जातक धनवान्, सत्कार्यों में व्यय करनेवाला, सच्चरित्र व सुखी होता है।

ग्रहों की विशेष स्थिति से उत्पन्न योग

पूर्व अध्यायों में दिए गए विवरण के गंभीर अध्ययन से पाठक स्वयं यह पाएँगे कि ग्रह विशेष राशि व विशेष भाव में स्थित होने पर कुछ विशेष फल देते हैं। इसी प्रकार ग्रह उच्च राशि में या स्वराशि में स्थित होने पर बलशाली हो जाते हैं। इस स्थिति में जातक को उस भाव के फल अधिक बल के साथ प्राप्त होते हैं, जिसमें उक्त ग्रह स्थित है या उक्त ग्रह द्वारा देखा जाता है। यदि जातक की जन्म कुंडली में इस प्रकार के कई ग्रह हों तो स्पष्ट है कि उसके सम्मिलित फल से जातक उत्तरोत्तर उन्नति प्राप्त करेगा। इस प्रकार ग्रहों की विशेष स्थिति के अनवरत अध्ययन से विद्वानों ने अनेक योगों को नाम दिया है, जिनके अंतर्गत जातक को उस योग का विशेष लाभ प्राप्त होता है। यद्यपि इस प्रकार से उत्पन्न होनेवाले योगों का पूरा विवरण देने के लिए पृथक् से एक पुस्तक की आवश्यकता होगी, परंतु प्रारंभिक अध्ययन के साथ पाठकगण को महत्त्वपूर्ण योगों की जानकारी देना पर्याप्त होगा। गंभीर अध्ययन करनेवाले पाठक यदि स्वयं अनेक जातकों के संबंध में अध्ययन करें तथा वास्तविक जीवन से तुलना करें तो स्वयं भी विशेष योगों के संबंध में निष्कर्ष प्राप्त कर सकते हैं।

1. **उच्च ग्रह योग :** यदि किसी जातक की जन्म कुंडली में छह ग्रह उच्च के हों तो वह राजा के समान पद, प्रतिष्ठा, धन व शक्ति प्राप्त करेगा। यदि लग्न में कुंभ राशि में शुक्र और वृष राशि में चंद्रमा स्थित हो तथा पाँच अन्य ग्रह भी उच्च के हों तो इस स्थिति में भी राजा के समान फल प्राप्त होंगे।

उपर्युक्त योग एक स्वाभाविक निष्कर्ष है, क्योंकि यदि एक ग्रह भी उच्च का है तो वह सामान्य से अधिक शुभ फल देता है। ऐसी

दशा में जहाँ छह ग्रह उच्च के होंगे वहाँ अत्यंत प्रतिष्ठा, धन व शक्ति प्राप्त होना अवश्यंभावी है। ऐसे व्यक्ति की तुलना राजा से ही की जा सकती है। साथ ही यदि छह से कम ग्रह उच्च के हैं तो उस दशा में भी प्रतिष्ठा, धन व शक्ति प्राप्त होंगे, केवल उसका परिणाम कम होता जाएगा।

2. **केंद्र में स्वराशि ग्रह–संबंधी योग :** केंद्र में यदि मंगल, बुध, बृहस्पति, शुक्र या शनि में से कोई भी ग्रह स्वराशि में या उच्च राशि में स्थित हो तो विशष योग का जन्म देते हैं। विद्वानों ने इस प्रकार पाँच विशेष योग बताए हैं–

   (i) **रुचक योग :** यदि जन्म कुंडली में मंगल केंद्र में मेष, वृश्चिक या मकर राशि के अंतर्गत स्थित हो तो इस स्थिति को 'रुचक योग' नाभ दिया गया है। रुचक योग में उत्पन्न जातक अत्यंत साहसी, बली व सशस्त्र बल का मुखिया होता है। वर्तमान समय में वह सेना या पुलिस में उच्च पद प्राप्त करनेवाला कहा जा सकता है।

   (ii) **भद्र योग :** यदि केंद्र में मिथुन या कन्या राशि में बुध स्थित हो तो जातक का जन्म भद्र योग में होना कहा जाता है। 'भद्र योग' में उत्पन्न जातक गणितीय विज्ञान का ज्ञाता, स्वच्छ रहन–सहनवाला तथा कुशल वक्ता होगा। ऐसा व्यक्ति भौतिक शास्त्र व ज्योतिष शास्त्र में भी रुचि रखेगा।

   (iii) **हंस योग :** यदि जन्म कुंडली में बृहस्पति केंद्र में स्थित कर्क, धनु या मीन राशि में हो तो जातक को 'हंस योग' का लाभ प्राप्त होता है। 'हंस योग' में उत्पन्न जातक अत्यंत ज्ञानवान्, सतत अध्ययनरत, सुंदर व्यक्तित्ववाला व सम्मानित होता है। ऐसा व्यक्ति ऐसे उच्च पद पर आसीन होगा जिसपर कार्य हेतु ज्ञान व मासिक शक्ति का प्रयोग हो। अतः अध्ययन या प्रशासन में उच्च पद

प्राप्ति की संभावना कही जा सकती है।

(iv.) मालव्य योग : यदि वृष, तुला या मीन राशि में स्थित शुक्र जातक की जन्म कुंडली में केंद्र में हो तो इस स्थिति को विद्वानों ने 'मालव्य योग' का नाम दिया है। 'मालव्य योग' में उत्पन्न जातक संगीत या कला के क्षेत्र में दक्षता प्राप्त करता है तथा धैर्यवान् व स्थूल शरीरवाला होता है। ऐसे व्यक्ति को अच्छे वाहन का सुख भी प्राप्त होता है।

(v) शश योग : यदि जातक की जन्म कुंडली में शनि केंद्र में तुला, मकर या कुंभ राशि में स्थित हो तो विद्वानों ने इस स्थिति को 'शश योग' का नाम दिया है। 'शश योग' में उत्पन्न व्यक्ति अचल संपत्ति के स्वामी, बलवान् व धनवान् होते हैं; परंतु इनका आचरण उत्तम नहीं होता है।

यदि किसी जातक की जन्म कुंडली में उपर्युक्त एक से अधिक योग होंगे तो उसी के अनुसार फल में वृद्धि हो जाएगी। कुछ विद्वानों का यह भी मत है कि उपर्युक्त पाँच योग उत्पन्न करनेवाले ग्रह के साथ यदि सूर्य या चंद्रमा भी उपस्थित हो तो उपर्युक्त योग के शुभ फल में कमी हो जाती है। लेखक का मत है कि ऐसी स्थिति में भी केंद्र के जिस भाव में उपर्युक्त ग्रह स्वगृही या उच्च होकर है, उस भाव के फल में वृद्धि अवश्य करेगा, सूर्य या चंद्रमा उस ग्रह के स्वाभाविक गुण में हानि नहीं करेंगे, क्योंकि ग्रह उच्च या स्वगृही होने के कारण बली है।

चंद्रमा की स्थिति से उत्पन्न योग : अन्य ग्रहों के सापेक्ष चंद्रमा की स्थिति से कुछ विशेष योग जन्म लेते हैं। इसमें कुछ योग शुभ तथा कुछ अशुभ फल देनेवाले होते हैं। नीचे दिए गए प्रथम चार योग शुभ फल देनेवाले हैं, जबकि अंतिम दो योग अशुभ फलदायक हैं–

(i) अनफा योग : यदि चंद्रमा से द्वितीय भाव में कोई ग्रह न हो

तथा द्वादश भाव में सूर्य, राहु व केतु के अतिरिक्त कोई ग्रह (अर्थात् मंगल, बुध, बृहस्पति, शुक्र या शनि) हो तो 'अनफा योग' कहलाता है। 'अनफा योग' में उत्पन्न जातक सच्चरित्र, प्रतिष्ठित, स्वस्थ शरीरवाला तथा सुखी होता है।

(ii) **सुनफा योग :** यदि चंद्रमा से द्वादश भाव में कोई ग्रह न हो तथा द्वितीय भाव में सूर्य, राहु व केतु के अतिरिक्त अर्थात् मंगल, बुध, बृहस्पति, शुक्र या शनि में से कोई ग्रह उपस्थित हो तो 'सुनफा योग' कहलाता है। 'सुनफा योग' में उत्पन्न जातक बुद्धिमान, धनवान् व यशवान् होता है।

(iii) **दुरुधरा योग :** यदि चंद्रमा से द्वितीय व द्वादश दोनों भावों में सूर्य, राहु व केतु के अतिरिक्त उपर्युक्त पाँच ग्रह (मंगल, बुध, बृहस्पति, शुक्र या शनि) में से कोई उपस्थित हो तो इस स्थिति को विद्वानों ने 'दुरुधरा योग' नाम दिया है।

(iv) **राजकेसरी योग :** यदि चंद्रमा से केंद्र में, अर्थात् चंद्र कुंडली में प्रथम, चतुर्थ, सप्तम या दशम भाव में बृहस्पति उपस्थित हो तो इस स्थिति को विद्वानों ने राजकेसरी योग नाम दिया है। 'राजकेसरी योग' में उत्पन्न जातक बुद्धिमान, यशवान्, शत्रुओं पर विजय प्राप्त करनेवाला, दीर्घायु व कुशल वक्ता होता है।

(v) **केमद्रुम योग :** यदि चंद्रमा से द्वितीय व द्वादश दोनों भाव में कोई ग्रह न हो, अर्थात् ये दोनों भाव रिक्त हों तो इस स्थिति को 'केमद्रुम योग' नाम दिया गया है। केमद्रुम योग होने से मनुष्य निर्धन, भाग्यहीन व अधीनस्थ स्थिति में कार्य करनेवाला होता है। कुछ विद्वानों ने यह अनुभव किया है कि यदि उपर्युक्त स्थिति में भी चंद्रमा के केंद्र में कोई अन्य ग्रह हो तो 'केमद्रुम योग' का कुप्रभाव नहीं होता है।

(vi) **शकट योग :** यदि चंद्र लग्न से छठे, आठवें या बारहवें भाव में बृहस्पति उपस्थित हो तो इस स्थिति में जातक 'शकट योग' के कुप्रभाव के अधीन होता है। 'शकट योग' के अंतर्गत जातक

दुःखग्रस्त होता है तथा उसके जीवन में कई उतार–चढ़ाव होते हैं, अर्थात् कभी वह अत्यंत भाग्यवान् प्रतीत होता है और कभी भाग्यहीन प्रतीत होता है; परंतु यदि लग्न कुडंली में चंद्रमा केंद्र में हो तो 'शकट योग' का कुप्रभाव नहीं होता है।

ज्योतिष विज्ञान के दृष्टिकोण से कुछ कुंडलियों की विवेचना

1. स्वर्गीय पं. जवाहरलाल नेहरू, जन्मतिथि : 14.11.1889, जन्म का समय : 11.03 बजे रात्रि, स्थान : इलाहाबाद।

लग्न कुंडली एवं राशि कुंडली

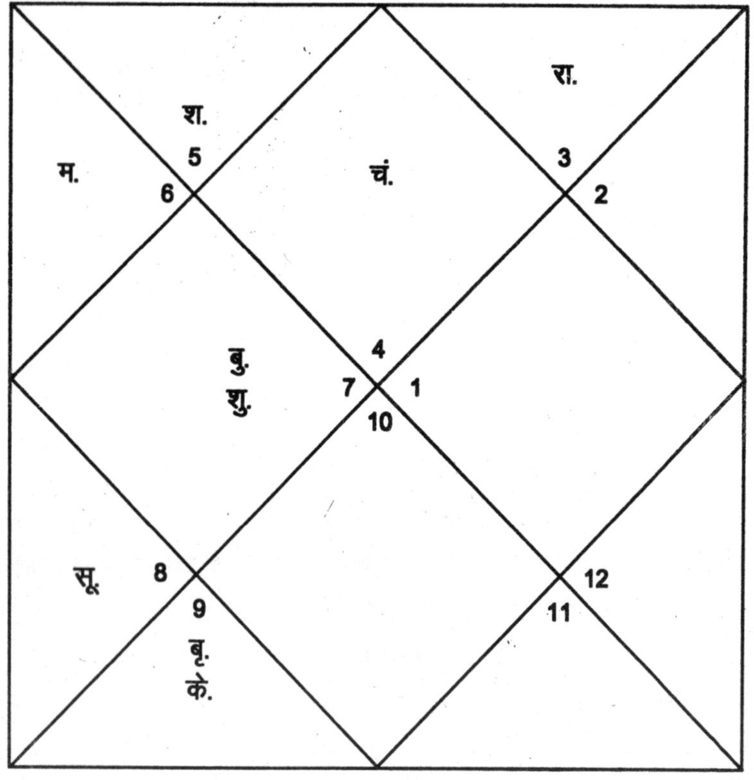

उपर्युक्त तालिकाओं में लग्न व राशि—दोनों कर्क हैं तथा प्रथम भाव में लग्नेश चंद्रमा स्वयं स्थित है। अन्य किसी ग्रह की दृष्टि प्रथम भाव पर नहीं है। लग्नेश चंद्रमा नवांश तालिका में एकादश भाव में धनु राशि में स्थित है तथा इस राशि का स्वामी बृहस्पति सप्तम भाव में सिंह राशि में स्थित है। बृहस्पति के साथ नवांश तालिका में केतु भी स्थित है तथा राहु की दृष्टि इस भाव पर है। अतः प्रथम भाव की नवांश में भी स्थिति सबल है। प्रथम भाव के परिणाम कर्क राशि में चंद्रमा व बृहस्पति ग्रहों के गुणों से प्रभावित होंगे। लग्नेश के प्रथम भाव में ही उपस्थित होने तथा अन्य कोई पाप ग्रह की दृष्टि प्रथम भाव पर न पड़ने के कारण लग्न को पर्याप्त बल प्राप्त हो रहा है।

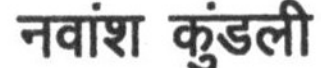

नवांश कुंडली

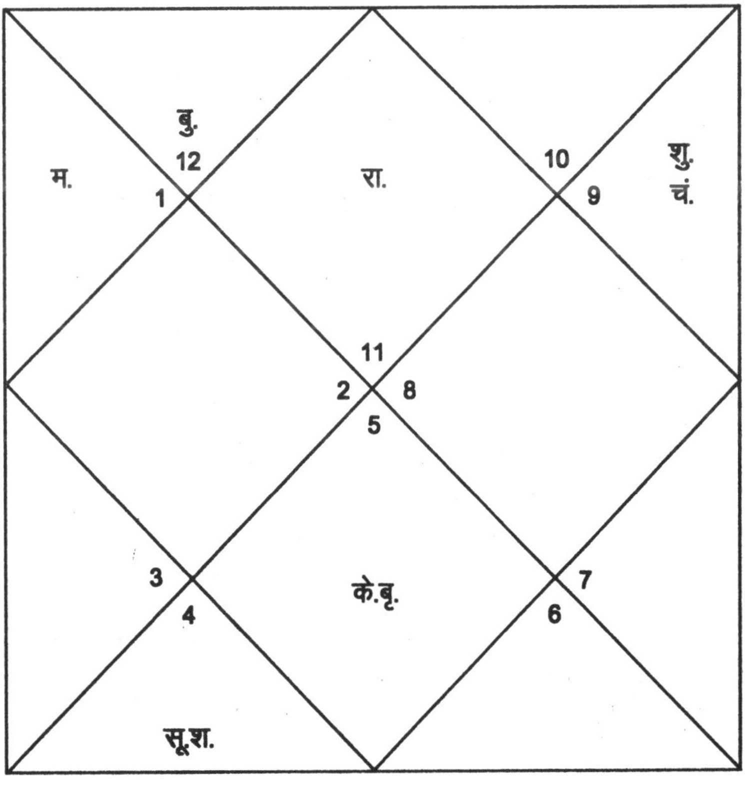

बु.
12
म.
1
रा.
10
9
शु.
चं.
11
2
8
5
3
4
के.बृ.
7
6
सू.श.

लग्न तालिका में तीन ग्रह–चंद्रमा, शुक्र व बृहस्पति स्वगृही हैं तथा शुक्र केंद्र में तुला राशि में स्थित होने के कारण 'मालव्य योग' उत्पन्न कर रहा है। पाठक प्रथम दृष्टया जातक के दशम भाव के साथ कोई महत्त्वपूर्ण ग्रह उपस्थित न होने व दशम भाव के साथ कोई शुभ योग उत्पन्न न होने की बात से प्रभावित न हों, परंतु दशम भाव की पूर्ण स्थिति को गंभीरता से देखें। दशमेश सूर्य पंचम भाव में है तथा सूर्य सत्ता का प्रतीक है। इसके अतिरिक्त मंगल, बुध, शुक्र व बृहस्पति ग्रहों की दृष्टि दशम भाव पर पड़ रही है। अतः दशम भाव पर कुल पाँच ग्रहों का प्रभाव इस भाव की स्थिति को अत्यंत सबल बताता है। इसके अतिरिक्त दशमेश मंगल नवांश तालिका में भी तृतीय भाव में अपनी ही राशि में है। इस प्रकार दशम भाव में मंगल व सूर्य का प्रभाव बुध, शुक्र व बृहस्पति की भी दृष्टि से अंतर्गत है। इसके अतिरिक्त प्रथम भाव में लग्नेश स्वयं स्थित है तथा अन्य किसी ग्रह की दृष्टि से प्रभावित नहीं है। इसी कारण जातक के व्यक्तित्व में कर्क व चंद्रमा का प्रभाव अधिक रहा। अतः उनका प्रशासक के रूप में व्यक्तित्व से भी अधिक एक कल्पनाशील, चिंतनकर्ता, भावुक, प्रेमी व लेखक (डिस्कवरी ऑफ इंडिया) के रूप में व्यक्तित्व उभरा। यदि स्वर्गीय पं. नेहरू देश के प्रधानमंत्री नहीं होते तो भी उनके उत्तम मानवीय गुण उन्हें एक महापुरुष की श्रेणी में रखने के लिए पर्याप्त हैं।

स्वर्गीय पं. नेहरू की प्रथम विदेश यात्रा सन् 1905 में केतु की महादशा में राहु की अंतर्दशा के अंतर्गत हुई। लग्न तालिका में नवमेश बृहस्पति छठे भाव में केतु के साथ है तथा राहु द्वादश भाव में है। राहु–केतु परस्पर दृष्टि में हैं। केतु पर मंगल की भी दृष्टि है। नवम व द्वादश भाव के साथ यह संयोग विदेश यात्रा के लिए पर्याप्त है। इसके उपरांत प्रधानमंत्री बनने के बाद राहु की महादशा में भी जातक ने अनेक विदेश–यात्राएँ कीं। अतः नवम व द्वादश भाव के उक्त संयोग से विदेश यात्रा की स्थिति स्पष्ट होती है। यह भी

उल्लेखनीय है कि जातक प्रथम बार प्रधानमंत्री भी मंगल (दशमेश) की महादशा प्रारंभ होने के समय ही बने तथा जीवनपर्यंत इस पद पर रहे, क्योंकि दशम भाव पर प्रतिकूल प्रभाव डालनेवाली कोई परिस्थिति लग्न तालिका में नहीं है।

2. नाम : 'क', जन्म का विवरण : 21.8.69., सायं 7.45 बजे, स्थान : गाजीपुर, उ.प्र.।

जातक 'क' की लग्न मीन है तथा लग्नेश बृहस्पति सप्तम भाव में है। नवांश में बृहस्पति दशम भाव में है तथा इस भाव का स्वामी

लग्न तालिका

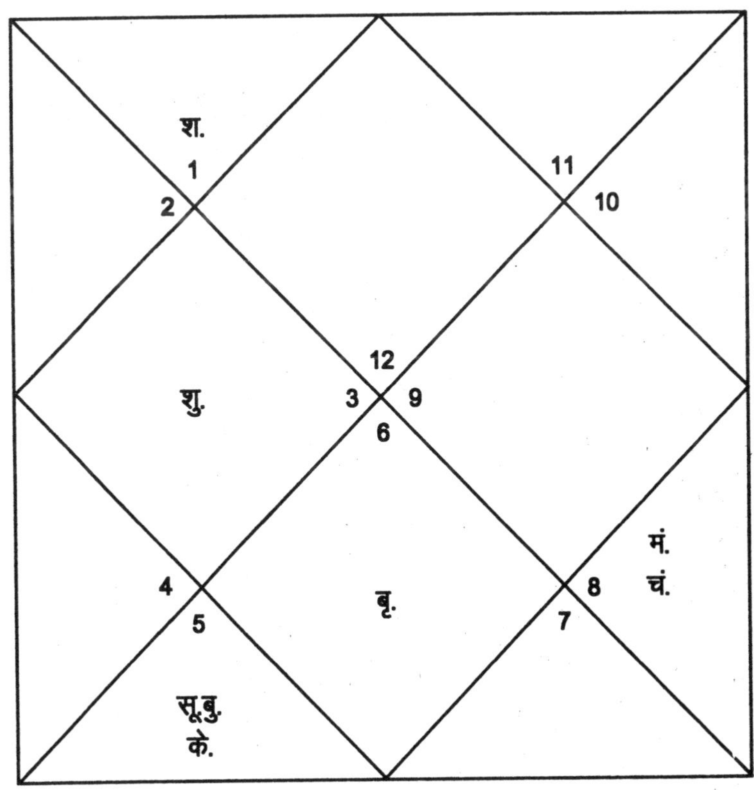

नवांश तालिका

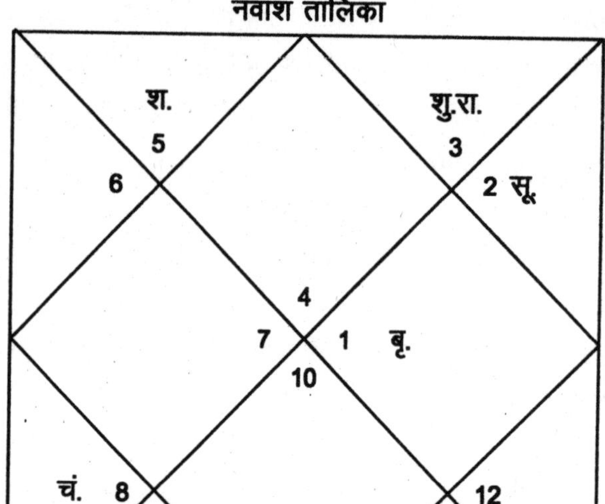

राशि तालिका

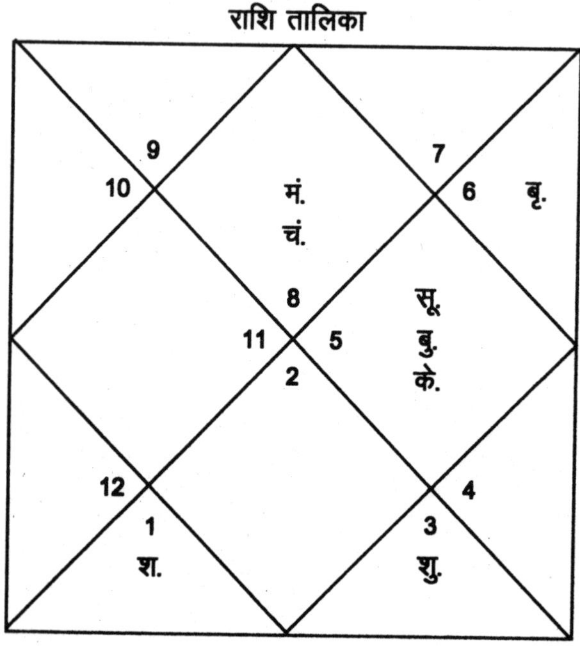

मंगल नवांश चक्र के छठे भाव में है। यह स्थिति लग्न चक्र में प्रथम भाव को कोई बल नहीं देती है; परंतु कोई विशेष प्रतिकूल स्थिति भी नहीं है। राशि चक्र में प्रथम भाव में चंद्रमा वृश्चिक राशि में होने के कारण नीच है तथा इसके साथ मंगल है। लग्न चक्र में यही स्थिति नवम में है। चंद्रमा कल्पनाशीलता, भावुकता व मस्तिष्क पर नियंत्रण रखनेवाला ग्रह है। पूर्व में पं. जवाहरलाल नेहरू की लग्न तालिका में एक सबल चंद्रमा ने उन्हें उच्च कल्पनाशीलता व चिंतक का गुण प्रदान किया; परंतु जातक 'क' की तालिकाओं में इसके प्रतिकूल नीच का चंद्रमा मंगल के साथ है। इस कारण जातक को निराशाजन्य व्यक्तित्व मिला। यह जातक भावुक है, परंतु अपनी भावनाओं को चिंतन के फलस्वरूप जातक ने सन् 1991–92 में (केतु महादशा के अंतर्गत मंगल की अंतर्दशा में) आत्महत्या का भी प्रयास किया। पाठक कृपया देखें कि मंगल चंद्रमा को दूषित करने के साथ द्वितीय भाव का स्वामी होने के कारण जातक की आयु दीर्घ है। अतः इस परिस्थिति में जातक ने आत्महत्या का प्रयास अवश्य किया, परंतु उसकी मृत्यु नहीं हुई। जातक 'क' घटना के समय एम.ए. अंतिम वर्ष का छात्र था। अतः घटना से उसकी उच्च शिक्षा व जीवन का कुप्रभावित होना अवश्यंभावी था। दूसरी ओर पाठक यह भी देखें कि लग्न तालिका का प्रथम भाव विशेष कमजोर नहीं है। चतुर्थ भाव में मित्र राशि में शुक्र की उपस्थिति व सप्तम भाव में दशमेश व लग्नेश बृहस्पति की उपस्थिति भी यह प्रदर्शित करती है कि जातक एक सामान्य सुख–सुविधा से परिपूर्ण वैवाहिक जीवन व्यतीत करेगा।

उपर्युक्त परिस्थिति ज्योतिष विज्ञान द्वारा उपचार का एक महत्त्वपूर्ण उदाहरण है। सन् 1991–92 में जातक के द्वारा आत्महत्या के प्रयास के समय ज्योतिष उपचार का परामर्श प्राप्त किया गया। जातक के द्वारा पूर्णमासी की तिथि पर चाँदी की चंद्रमा की आकृति काले धागे में गले में धारण की गई तथा मंगलवार का वृत प्रारंभ किया गया। इसके उपरांत जातक ने दूसरे विश्वविद्यालय से पुनः एम.ए. का

अध्ययन कर प्रथम स्थान प्राप्त किया तथा बी.एड. उत्तीर्ण करने के उपरांत एक विद्यालय में शिक्षक के पद पर नियुक्ति भी प्राप्त की। सन् 1996 में शुक्र की महादशा प्रारंभ होने के उपरांत उसका विवाह भी हो गया। यह जातक यद्यपि अपनी भावनाओं को अभी भी पूर्णतः सकारात्मक नियंत्रण देने में समर्थ नहीं है तथा समय–समय पर निराशा अनुभव करता है, वह फिर भी ज्योतिष उपचार के उपरांत कुछ हद तक सामान्य जीवन–यापन करने में वह सफल रहा है।

3. नाम : 'ख', जन्म का विवरण : 11.10.1965, समय : 3.10 अपराह्न, स्थान : इलाहाबाद।

लग्न कुंडली

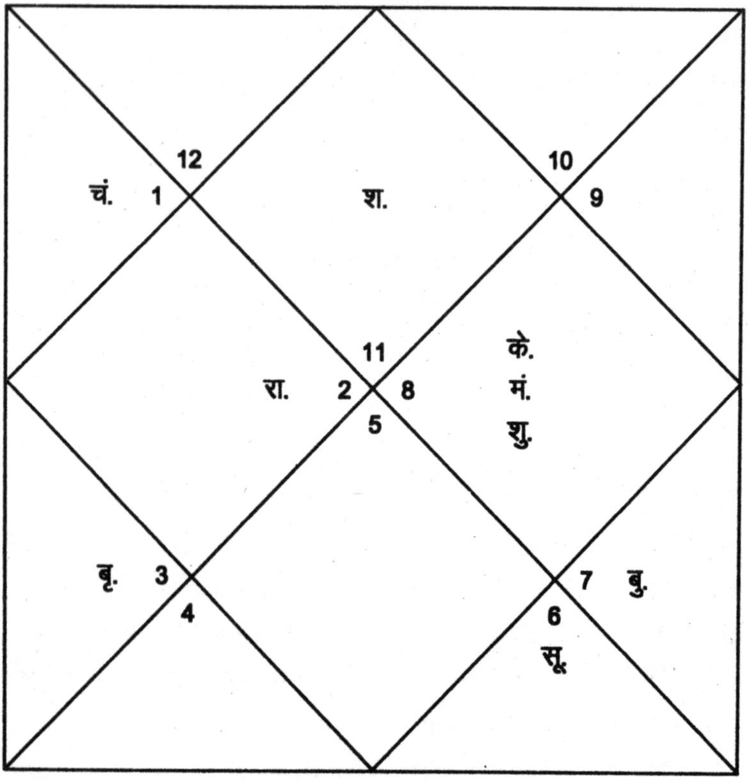

12
चं. 1
श.
10
9
11
रा. 2
8
5
के.
मं.
शु.
बृ. 3
4
7 बु.
6
सू.

नवांश कुंडली

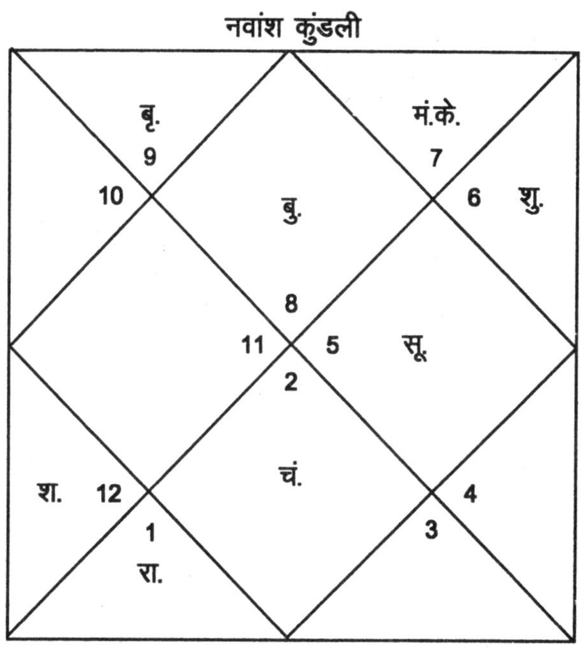

राशि कुंडली

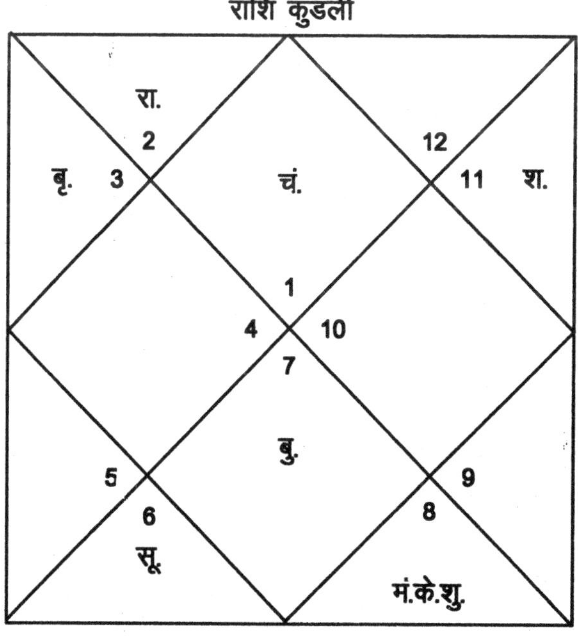

जातक 'ख' के प्रथम भाव में लग्नेश शनि उपस्थित है तथा उसपर बृहस्पति की दृष्टि है। अन्य किसी अशुभ ग्रह की दृष्टि प्रथम भाव पर नहीं है। लग्नेश शनि नवांश चक्र में पंचम भाव में मीन राशि में है तथा मीन राशि का स्वामी बृहस्पति नवांश कुंडली में द्वितीय भाव में धनु राशि में स्थित होने के कारण स्वगृहीं है। इसपर पंचम भाव में स्थित शनि की दृष्टि भी पड़ रही है। नवांश कुंडली में भी लग्नेश शनि के लिए अन्य कोई प्रतिकूल स्थिति नहीं है। इसके अतिरिक्त राशि चक्र में प्रथम भाव का स्वामी मंगल यद्यपि अष्टम भाव में स्थित है, परंतु वृश्चिक राशि में स्थित होने के कारण स्वगृही है। अतः तीनों चक्र से प्रथम भाव की स्थिति पर्याप्त सबल हो जाती है तथा जातक को कुंभ राशि, स्वगृही शनि व उसपर बृहस्पति की दृष्टि का पूर्ण फल प्राप्त हो रहा है। अतः गंभीर, ज्ञानी, अध्ययनरत व कुशल प्रशासक होगा।

प्रथम भाव के अतिरिक्त दशम भाव में स्वगृही मंगल की उपस्थिति रुचक योग को जन्म दे रहा है। नवमेश शुक्र व दशमेश मंगल दोनों दशम भाव में एक साथ उपस्थित होकर उच्च स्तरीय त्रिकोण केंद्र संबंध को जन्म दे रहे हैं। यह स्थिति स्पष्ट राजयोग उत्पन्न कर रही है। अतः जातक को वर्तमान में सर्वोच्च राजकीय सेवा भारतीय प्रशासनिक सेवा (आई.ए.एस.) में चयन शुक्र की महादशा में केतु की अंतर्दशा के समय में हो गया। पाठक कृपया यह देखें कि शुक्र त्रिकोण केंद्र संबंध से राजयोग उत्पन्न कर रहा है तथा केतु दशम भाव में ही शुक्र व मंगल के साथ उपस्थित है। जातक के जीवन में मंगल की महादशा सन् 2007 से 2014 तक रहेगी। इस अवधि में जातक अत्यंत उच्च पद प्राप्त करेगा तथा शासन की शक्तियों का कुशल प्रशासक के रूप में उपयोग कर प्रतिष्ठा प्राप्त करेगा। नवम भाव में बुध की उपस्थिति तथा नवमेश की शुभ स्थिति जातक को सदैव ज्ञान की प्राप्ति हेतु अध्ययनरत रहने की भी प्रवृत्ति देगा।

4. जातक 'ग' की जन्मतिथि : 13.9.1984, समय : 11.30 पूर्वाह्न, स्थान : इटावा।

लग्न कुंडली

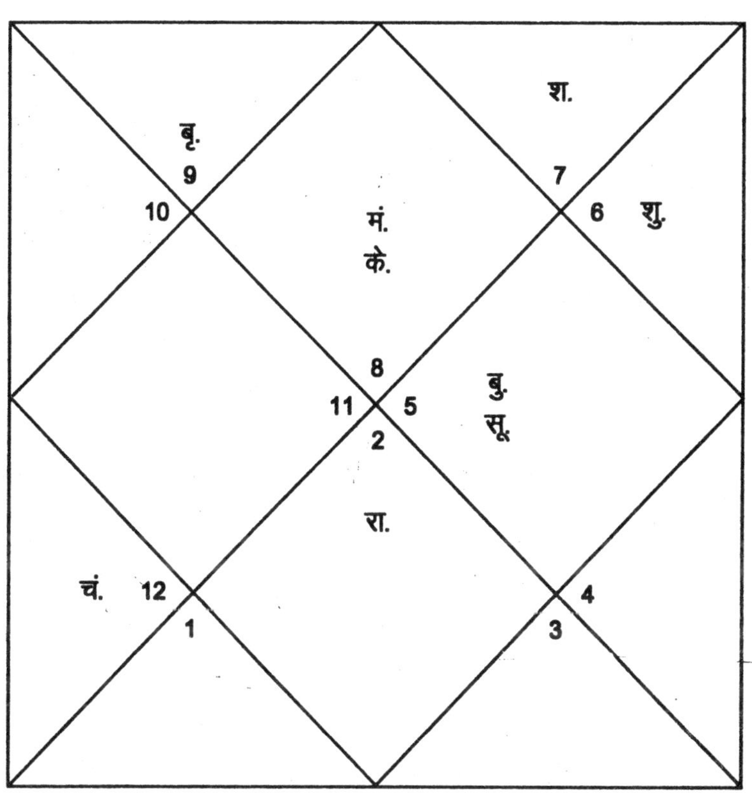

जातक 'ग' के लग्न चक्र में प्रथम तीन ग्रह अपनी राशियों में ही स्थित होकर जन्म कुंडली को पर्याप्त बल प्रदान करते दिखाई देते हैं। प्रथम भाव में स्वगृही मंगल, द्वितीय भाव में स्वगृही बृहस्पति व दशम भाव में स्वगृही सूर्य किसी भी जातक के जीवन में उल्लेखनीय प्रगति ला सकते हैं, परंतु जातक 'ग' के जीवन में प्रथम भाव में मंगल के साथ उपस्थित केतु की महादशा एक वर्ष की ही आयु में प्रारंभ हो गई। प्रथम भाव जातक के सिर को भी प्रदर्शित करता है।

नवांश कुंडली

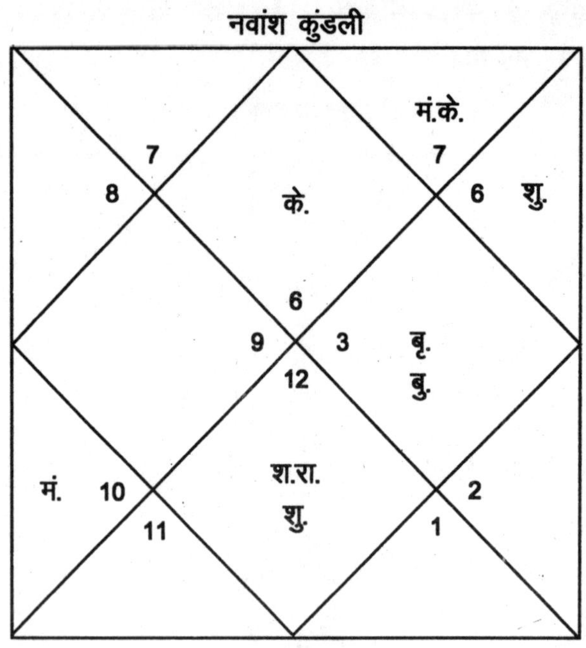

राशि कुंडली

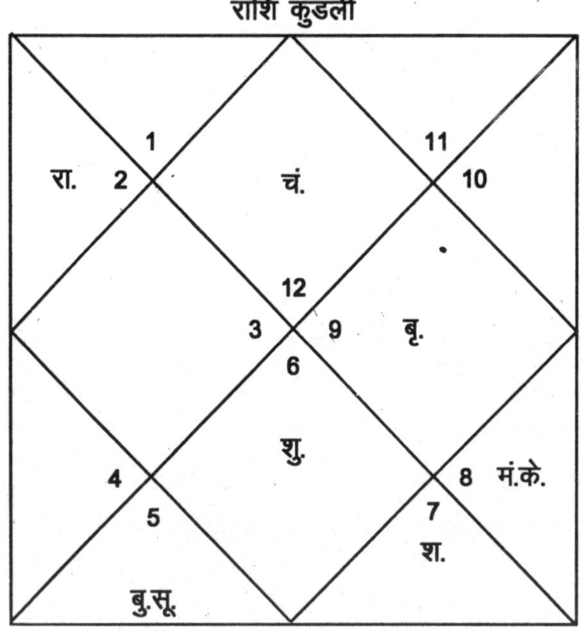

प्रथम भाव में मंगल की ही राशि व मंगल के साथ उपस्थित केतु पर अन्य किसी शुभ ग्रह की दृष्टि भी नहीं पड़ रही है। अतः केतु अपनी महादशा में अत्यंत अशुभकारी परिणाम देनेवाला सिद्ध हुआ। लगभग एक वर्ष की ही आयु में जातक को तीव्र ज्वर के फलस्वरूप उसके मस्तिष्क का कोई ऐसा भाग कुप्रभावित हो गया जिसके कारण जातक का भौतिक व मानसिक विकास लगभग अवरुद्ध हो गया। जातक आगे जीवन में बैठने, चलने, बोलने आदि के कार्य भी नहीं सीख सका।

जातक 'ग' के अष्टम भाव पर भी मंगल की दृष्टि है, परंतु इसके साथ बृहस्पति की भी दृष्टि है। इस परिस्थिति में जातक की मृत्यु अल्प बाल्यावस्था में प्रदर्शित नहीं होती है। जातक की मृत्यु सत्रह वर्ष की आयु में शुक्र की महादशा में राहु की अंतर्दशा के समय हुई। यह स्पष्ट है कि जातक की लग्न कुंडली में सप्तमेश होने के कारण शुक्र मारकेश है तथा राहु भी सप्तम भाव में उपस्थित होने के कारण द्वितीय मारकेश है।

उपर्युक्त विवेचना उदाहरणस्वरूप कुछ जातकों के संबंध में केवल इस उद्देश्य से की गई है कि पाठक ज्योतिष फल की विवेचना के संबंध में यह समझ सकें कि मात्र किसी भाव विशेष की स्थिति या ग्रह विशेष की स्थिति से कोई निष्कर्ष निकालना अनुचित होगा। पूर्ण लग्न चक्र, नवांश चक्र व राशि चक्र के साथ ही महादशा व अंतर्दशा पर भी दृष्टि रखते हुए ही सफल विवेचना की जा सकती है। जिस पाठक को इतने अध्ययन के उपरांत ज्योतिष विज्ञान में आगे दक्षता प्राप्त करने की रुचि हो तथा अध्ययन के लिए समय हो उनके लिए यह उचित होगा कि वह ज्योतिष फल–विवेचना संबंधी पुस्तकों का आगे अध्ययन करें। साथ ही वे स्वयं जिन व्यक्तियों के संबंध में विवेचना करना चाहें उनके चक्र आदि के विवरण अपने पास स्थायी रूप से किसी पुस्तिका में बना लें तथा जो निष्कर्ष आप प्राप्त करते हैं, उनका मिलान संबंधित व्यक्ति के

जीवन की घटनाओं से करें। इस प्रकार आप जितने अधिक व्यक्तियों के संबंध में अध्ययन करेंगे, आपकी ज्योतिष फल–विवेचना बुद्धि उतनी ही परिपक्व होती जाएगी।

किसी भी ज्ञान का उपयोग मानव–हित में ही किया जाना श्रेयस्कर है। अतः पाठकगण से यह भी निवेदन है कि आपको इस पुस्तक के अध्ययन से जो भी ज्ञान प्राप्त हुआ है, उसकी सहायता से किसी व्यक्ति के जीवन के कष्ट को ज्योतिष विज्ञान की सहायता से यथासंभव दूर करंने में समर्थ हों, उसका सत्प्रयास अवश्य करें, केवल अपने ज्योतिष ज्ञान से अन्य व्यक्तियों को प्रभावित करना इस ज्ञान का दुरुपयोग ही होगा।